A ARTE E A CIÊNCIA DO COACHING

FRANCESCO
PELLEGATTA, Ph.D.

A ARTE E A CIÊNCIA DO COACHING

EDITORA
Labrador

Copyright © 2019 de Francesco Pellegatta
Todos os direitos desta edição reservados à Editora Labrador.

Coordenação editorial
Erika Nakahata

Projeto gráfico, diagramação e capa
Felipe Rosa

Preparação de texto
Luiza Lotufo

Revisão
Laura Folgueira

Dados Internacionais de Catalogação na Publicação (CIP)
Angélica Ilacqua – CRB-8/7057

Pellegatta, Francesco
  A arte e a ciência do coaching / Francesco Pellegatta. – São Paulo : Labrador, 2019.
  112 p.

ISBN 978-65-5044-024-4

1. Assessoria pessoal 2. Assessoria empresarial I. Título

19-2491   CDD 658.3124

Índice para catálogo sistemático:
1. Coaching

Editora Labrador
Diretor editorial: Daniel Pinsky
Rua Dr. José Elias, 520 – Alto da Lapa
05083-030 – São Paulo – SP
+55 (11) 3641-7446
contato@editoralabrador.com.br
www.editoralabrador.com.br
facebook.com/editoralabrador
instagram.com/editoralabrador

A reprodução de qualquer parte desta obra é ilegal e configura uma apropriação indevida dos direitos intelectuais e patrimoniais do autor.

A Editora não é responsável pelo conteúdo deste livro.

O autor conhece os fatos narrados, pelos quais é responsável, assim como se responsabiliza pelos juízos emitidos.

Dedicado a todos aqueles que me ajudaram a crescer na vida e a todos aqueles que ainda irão me ajudar.

SUMÁRIO

Capítulo 1 .... **9**
Quem é o coach e o que é o coaching 9
Um pouco da história 11
P – i = p 13
De Jung até os dias atuais: o coaching estruturado ... 15
Duas palavras sobre mim 17
Por que precisamos melhorar? 20

Capítulo 2 .... **22**
Propósito, objetivo, ação 22
O jogo da causa-efeito 26
O modelo SMART 28
A desilusão deve estar nos planos 31
EXERCÍCIO 33

Capítulo 3 .... **35**
Pressuposições 35
A mente inconsciente 43

Capítulo 4 .... **47**
A representação interna 52

Capítulo 5 .... **58**
"Através do tempo": somos ocidentais 62
"No tempo": orientados no presente 63
Emoções negativas, decisões limitantes e ansiedades ... 65

Capítulo 6 .... **69**
Metaprogramas simples 70
   Introvertido/Extrovertido 70
   Sensação/Intuição 70
   Pensamento/Sentimento 71
   Julgamento/Percepção 72
Metaprogramas complexos 73
   1. Filtro de direção 74
   2. Filtro de motivação ou operadores modais 76
   3. Filtro do quadro de referência 77
   4. Filtros de persuasão 78
   5. Filtro de direção da gestão 79
   6. Filtro de ação 80
   7. Filtro de associação 81
   8. Filtro de preferência de trabalho 82
   9. Filtro de interesse primário 82
   10. Filtro de tamanho de decomposição 83
   11. Filtro de relação ou comparar/contrastar 84
   12. Reação ao estresse emocional 85
   13. Filtro do tempo 85
   14. Sequência de operadores modais 87
   15. A direção da atenção 87
   16. Filtro do objetivo 88
   17. Filtro de comparação 88
   18. Filtro de conhecimento 89
   19. Filtro de completamento 89
   20. Filtro de conclusão 89
Os valores 89
Dinâmica da espiral® 93
Modelo de mudança universal 101
O coaching hoje 106
O futuro do coaching 108

Bibliografia **110**

CAPÍTULO 1

Quem é o coach e o que é o coaching
O sentido e a finalidade do coaching podem ser encontrados em seu nome, derivado do termo anglo-saxão "coach", que em português significa vagão. Imaginemos como devia ser viajar em um vagão de trem em 1800: o bom maquinista era aquele que transportava passageiros com a maior facilidade, superando sem danos os buracos e o terreno irregular, até a destino desejado. Não diferente do coach moderno, que é chamado para conduzir as pessoas em um percurso de desenvolvimento pessoal, superando as dificuldades anteriores e aquelas que encontraremos gradualmente para um resultado desejado e definido. Portanto, três são as suas tarefas: entender qual é o resultado desejado do cliente, identificar junto com ele a maneira mais eficaz para alcançá-lo e acompanhá-lo ao longo desse caminho até a sua meta.

Assim como a viagem pode ter um destino mais próximo ou mais distante e objetivos particulares, de negócios ou qualquer outra coisa, quem confia em um percurso de coaching pode ter objetivos de curto ou de longo prazo, relacionados à ambição profissional ou ao desejo de melhorar suas relações interpessoais, por exemplo. Pense em um gerente que tem estudado por muito tempo um projeto para potencializar as vendas de sua empresa. No papel, tudo funciona perfeitamente, mas os obstáculos que na realidade se interpõem entre a teoria e os resultados tendem a desencorajá-lo. Então pense em um atleta que, depois de anos de sacrifício, se classificou para as finais de um torneio de prestígio. Como usar a oportunidade e não ser superado pela ansiedade? Uma intervenção de coaching pode ser decisiva em casos como esse, mas é útil também em situações com objetivos menos específicos e detalhados.

Uma vez definido para que serve o coaching, é espontâneo tentar catalogá-lo entre as inúmeras disciplinas humanas e perguntar: o que é? Eu gosto de defini-lo como uma arte e uma ciência ao mesmo tempo. Uma arte, uma vez que qualquer ação tem que ser calibrada para cada pessoa individualmente e adaptada ao sistema de conhecimento, crenças e valores dela; em outras palavras, o seu "mapa do mundo". Uma ciência, porque as técnicas em que é baseado são procedimentos testados, comprovados e repetitivos, assim como em uma pesquisa científica, por meio de verificações rigorosas.

Também é preciso dissipar um par de equívocos comuns sobre esta disciplina. O coaching não deve ser confundido com psicoterapia ou aconselhamento psicológico, percursos terapêuticos que visam tratar distúrbios psicopatológicos de diversos tipos. O coach não tem esse objetivo, pois isso está fora das suas competências. Simplesmente é alguém capaz de guiar as pessoas para um caminho de desenvolvimento pessoal e ajudá-las a alcançar determinadas metas, de acordo com o princípio do máximo resultado com o menor esforço possível. Portanto, no caso do coaching, nunca falamos de "pacientes", mas de "clientes".

O outro mito difundido diz respeito à coincidência do coaching com o método da Programação Neuro-Linguística (PNL).[1]

---

1 Segundo o acordo ortográfico de 1999, em vigor no Brasil desde 2009, grafa-se "neurolinguística". Contudo, optou-se por manter a forma "Programação Neuro-Linguística", com hífen, por haver uma distinção entre a Neuro-Linguistic Programming (NLP), criada por Richard Bandler e John Grinder, e a metodologia designada Neurolinguistic (em português, neurolinguística). (N. E.)

Este método, que será detalhado amplamente no decorrer do livro, é certamente um dos fundamentos essenciais do treinamento moderno em coaching. No entanto, é redutivo pensar que a disciplina inteira se resuma a isso. Embora muitos coaches, especialmente no Brasil, tenham uma formação exclusivamente relacionada com a PNL e proponham cursos inteiramente focados nela, acredito que esse método sozinho não é suficiente para construir uma intervenção de coaching realmente eficaz. Mais adiante, vocês vão entender o porquê.

Um pouco da história

Como mencionado, a modalidade de coaching mais difundida hoje é a Programação Neuro-Linguística, uma disciplina que nasceu no ano de 1970 na Califórnia, na Universidade de Santa Cruz (UCSC), do gênio criativo de Richard Bandler e John Grinder. O primeiro, na época, era um jovem graduando em matemática, e o segundo, um professor de linguística na mesma faculdade (para dizer a verdade, os fundadores da PNL foram inicialmente Bandler e Frank Pucelik, que no entanto se retirou do projeto, deixando espaço para Grinder).

A ideia carro-chefe era compreender como as pessoas consideradas "excelentes" conseguiam obter resultados incrivelmente eficazes nas suas respectivas áreas. A brilhante ideia dos dois fundadores era recorrer ao *modeling*, uma técnica baseada precisamente na observação e no estudo do comportamento da tomada de decisão dos indivíduos fora do comum. Esse método permite aprender e replicar muito rapidamente a eficácia de avaliação e ação posta em prática nas personalidade excepcionais; podemos então dizer que a PNL nasceu como uma técnica de aprendizagem rápida.

Richard Bandler e John Grinder colocaram o *modeling* em prática primeiro sobre dois grandes terapeutas daquela época: Virginia Satir e Fritz Perls. A primeira era uma famosa terapeuta familiar e o segundo, um dos principais especialistas da terapia

Gestalt. Graças à aplicação da tecnologia inovadora desses dois profissionais de renome mundial, Bandler e Grinder criaram o primeiro modelo de linguagem da Programação Neuro-Linguística: o Meta Modelo. Esse modelo permite eliminar as distorções linguísticas que todos nós fazemos na vida cotidiana, para tentar retornar à representação da realidade que cada um de nós cria.

Posteriormente, Gregory Bateson, professor da Universidade de Santa Cruz e amigo de Bandler e Grinder, aconselhou os dois a dar atenção a outro grande terapeuta, Milton Erickson. Erickson foi um dos maiores hipnoterapeutas da história e deu origem à hipnose Ericksoniana, mundialmente conhecida e entre as formas de hipnose hoje utilizadas pelos melhores especialistas do setor. A partir da aplicação da modelagem nesse distinto estudioso, Bandler e Grinder desenvolveram o Milton Modelo, segundo modelo linguístico da PNL, que permite tornar a comunicação mais abstrata e genérica, atraindo também os recursos inconscientes do interlocutor e fazendo com que a mensagem seja transmitida de maneira universalmente aceita.

Por sua especificidade e complexidade, a modelagem é um assunto que merece um tratamento em si, que não está entre os objetivos deste livro. A sua aplicação no coaching é ilustrada mais profundamente nos cursos de formação para aspirantes a coach.

Ambos os modelos (Meta Modelo e o Milton Modelo) são estudados já no primeiro nível das certificações de PNL, o *Practitioner* (praticante).

Em determinado momento dos seus estudos, Bandler e Grinder decidiram trazer a PNL para fora do mundo acadêmico, fundando a Society of NLP (Sociedade de Programação Neuro-Linguística). Essa empresa, criada com o objetivo de proteger a qualidade da PNL e regulamentar as certificações atribuídas a quem se especializava nessa disciplina, logo foi vinculada somente a Bandler. As incompreensões e os diferentes pontos de vista levaram os dois fundadores a seguir diferentes direções na evolução da teoria. John Grinder ao longo dos anos tomou distância da concepção original, criando o "Novo Código da PNL" e abordando, em particular, um trabalho de consultoria empresarial. Bandler, no entanto, dirigiu sua pesquisa para o mundo do marketing. Esse distanciamento acabou por distorcer a ideia inicial da PNL, cuja força vinha precisamente dessa combinação de visões diferentes e complementares: a abordagem matemática aplicada a uma matéria humanista. Ambos, Grinder e Bandler, nas suas experiências sucessivas, parecem ter perdido o objetivo de conservar a eficácia e os níveis de qualidade elevados do início.

$P - i = p$

O verdadeiro inventor do coaching foi Tim Gallwey, um esportista de Harvard, que primeiro tentou descobrir como melhorar a performance dos atletas durante as competições. O coaching foi inicialmente dedicado apenas ao mundo do esporte e à procura do melhor desempenho nesse campo.

Para elaborar a sua teoria, Gallwey partiu de uma simples equação:

Potencial − interferência = performance ($P - i = p$)

O que essa fórmula nos diz? Todos conseguimos ter um bom desempenho em qualquer área da vida (se para Tim Gallwey o conceito pertencia exclusivamente ao campo esportivo, hoje em dia falamos sobre "desempenho" em muitos outros contextos: de negócios, no trabalho, nos estudos, nas relações da vida). Partindo do pressuposto que o "Potencial", ou seja, o conjunto de atitudes que nos permitem agir, é para todos muito parecido, se não igual, parece evidente que a diferença entre obter uma performance igual aos nossos potenciais quase ilimitados e não obtê-los, ou ter resultados ruins, esteja nas "interferências", ou seja, toda uma série de restrições — em sua maioria externas, mas também internas — que enfraquecem a capacidade de ação do indivíduo.

Vamos trazer a fórmula para a realidade partindo de um exemplo: um gerente que tem como objetivo o relançamento da própria empresa e possui todos os conhecimentos específicos e necessários para que isso aconteça deveria ser capaz de alcançar facilmente o seu objetivo. Muitas vezes, no entanto, ele tem problemas para obter os resultados que tinha planejado com precisão. O que o limita? O caminho que conduz desde o planejamento até a obtenção dos resultados passa por uma série de dificuldades: por exemplo, o quanto pode pesar a intervenção de um "grilo falante" interior, uma voz que insinua o medo de não ter sucesso, apresenta ideias confusas ou afirma que o objetivo seria inalcançável? Esse tipo de interferência limita e distancia o resultado final, porque distrai a pessoa da visão do objetivo final e a induz a dissipar energias fundamentais na tentativa de superar obstáculos na sua maioria autocriados. Com um eficaz processo de coaching, podemos chegar a "silenciar" essa voz interna desmotivadora e, em seguida, reduzir as interferências para que possamos expressar plenamente o potencial do gerente.

Existem muitos coaches que estabelecem o trabalho com o objetivo único de fazer surgir e aumentar o potencial de alguém; essa atitude, no entanto, não é funcional para alcançar resultados eficazes e duradouros, que só podem ser obtidos trabalhando também o lado da interferência. Para trabalhar corretamente sobre a interrupção dos elementos dos distúrbios, um bom coach deve em primeiro lugar definir, em sinergia com o seu cliente, o desempenho desejado: essa mudança de perspectiva (passar para o outro lado da equação, partindo para a definição do resultado) nos torna muito mais incisivos. Não esquecer que o propósito do coaching deve ser sempre e de qualquer forma fazer o cliente alcançar os resultados desejados e levar o desempenho real o mais perto possível do potencial que a pessoa é abstratamente capaz de expressar.

Dados esses referenciais históricos, no próximo parágrafo vou ilustrar como acredito que o coaching pode e deve ser desenvolvido hoje, tendo em mente que a fórmula $P - i = p$ continua sendo a base de qualquer tipo de intervenção.

De Jung até os dias atuais: o coaching estruturado

Para enfrentar o coaching em uma perspectiva suficientemente ampla e completa, é necessário recorrer a um dos pais da psicanálise, Carl Jung. Suas pesquisas descrevem o homem como um ser composto de vários planos interconectados e mutuamente influenciados:

- físico;
- mental;
- emocional;
- espiritual.

Todos esses planos estão vinculados por uma relação biunívoca de influência mútua. Para analisá-los, deixarei de lado o plano espiritual, que considero exclusivo da esfera privada do indivíduo.

De acordo com Jung, todos nós temos um plano físico, uma espécie de "recipiente" que contém todos os outros planos em seu interior. Consideremos a relação com o corpo: quando cuidamos do corpo, também influenciamos positivamente a nossa mente. Pense sobre o quanto é importante praticar uma atividade física ou um esporte no processo de crescimento de uma criança ou nas sensações que experimentamos quando estamos envolvidos em uma atividade de bem-estar: como nos sentimos quando terminamos uma caminhada, uma corrida, uma massagem ou vamos à academia? Melhor, não é? Podemos dizer que melhoramos o nosso desempenho mental a partir da atividade física.

O segundo é o plano em que moram todos os processos da nossa mente: e é aí que a PNL opera. Ela se interessa em entender como estruturamos os nossos pensamentos e as nossas ações, como representamos a realidade. No coaching, por meio da Programação Neuro-Linguística, tentamos influenciar e reajustar os resultados que estamos obtendo, tendo inevitavelmente uma recaída também sobre o plano físico e sobre o emocional. Neste ponto, é obrigatório um esclarecimento: trabalhar sobre o plano mental nos permite influenciar o plano emocional por breves momentos é limitado a certas situações. Não são permitidas interferências a longo prazo. O coaching, desenvolvido exclusivamente com a PNL, obterá excelentes resultados. No entanto, ao renunciar de fato em agir sobre o plano emocional, ou seja, aventurar-se na parte mais inconsciente de uma pessoa, exclui-se a possibilidade de produzir efeitos realmente duradouros.

O terceiro plano é precisamente o emocional, que abrange todo o universo das emoções. Onde e como essas emoções são geradas? Nossa mente inconsciente — da qual eu vou falar nos próximos capítulos — é a parte de nós mesmos de que estamos menos conscientes, e é onde as emoções surgem e residem. A raiva, por exemplo, é uma emoção negativa inerente no nosso inconsciente; toda vez que estamos com raiva, chamamos isso de nível consciente. O que varia de vez em vez é, portanto, apenas a causa desencadeante, enquanto a emoção, na sua essência, continua a ser a mesma.

Aceitar a visão junguiana, além de oferecer maiores ferramentas interpretativas e analíticas, simplifica na prática o trabalho do coach, que pode calibrar a intervenção sobre a "problemática" singular de cada nível do ser.

Um bom coach deveria conseguir trabalhar envolvendo todos os planos do ser humano: em particular sobre o plano mental com base nas técnicas de Programação Neuro-Linguística, mas contemporaneamente interagindo com o plano emocional.

Pessoalmente, prefiro trabalhar com o inconsciente e utilizo e obtenho excelentes resultados graças à hipnoterapia, que me permite criar uma ponte de comunicação eficaz e levar ao nível de conscientização dos valiosos recursos que possuímos, mas que ficam escondidos no inconsciente.

Os principais limites das práticas do coaching baseado apenas na PNL é que eles oferecem resultados efetivos, mas limitados ao longo do tempo. Não chegam a oferecer uma consolidação do que foi alcançado, a fim de se provarem uma conquista duradoura para a pessoa. Existe uma técnica que, ao trabalhar sobre os outros planos e também no mental, irá garantir resultados mais estáveis? A resposta naturalmente é sim. Esta técnica adicional que se integra de maneira inteligente com o plano emocional e com o plano mental é chamada Time Empowerment®. Ela nos permite fazer dialogar a mente consciente com a inconsciente e levar a sessão de coaching a um nível decisivamente muito superior, melhorando e consolidando os resultados a longo prazo.

Duas palavras sobre mim

Neste momento, penso que vale a pena escrever duas palavras sobre o meu caminho para o mundo do coaching, para explicar como, com o tempo, desenvolvi a minha própria visão da disciplina.

Descobri a Programação Neuro-Linguística aos 18 anos de idade. Naquele período eu estava estudando "gerenciamento de marcas" na universidade, e o programa de estudo incluía um curso de PNL. Confesso que inicialmente tive uma atitude cética, mas as explicações detalhadas do professor sobre as potencialidades dos seres humanos e como eles poderiam intervir no desenvolvimento pessoal pouco a pouco capturaram o meu interesse. Sempre acreditei que a única maneira de melhorar é acumular mais conhecimento e habilidades e, no meu caso, ir adiante com determinação no caminho acadêmico que estabeleci. Descobri que havia outra abordagem, que consistia em buscar resultados efetivos por meio do trabalho sobre si mesmo. Este primeiro contato com a esfera do coaching me ajudou a reverter as minhas convicções e me inspirou a curiosidade de tentar trabalhar sobre a minha pessoa, sobre os meus potenciais e capacidades, tentando reduzir as interferências e expressar o meu potencial da melhor maneira em todas as áreas da vida.

O primeiro passo foi aprofundar a informação com base em livros e publicações do setor. Depois segui alguns cursos de PNL na Itália, exclusivamente com o objetivo do desenvolvimento pessoal. Inicialmente, portanto, a minha era uma curiosidade limitada à esfera privada: eu queria apenas aprender coisas novas para enriquecer o meu conhecimento e estava muito longe da ideia de que o coaching poderia se tornar minha profissão futura. Mas logo percebi que o tema do desenvolvimento pessoal fazia o meu coração bater muito mais do que o gerenciamento de marcas, então voltei a entrar em contato com o professor que tinha me apresentado a PNL, pedindo conselhos sobre onde estudá-la para me especializar nessa disciplina. Seguindo suas indicações, fui primeiro para a Califórnia, na Universidade de Santa Cruz, onde tudo começou e onde ainda hoje é a sede da Universidade de PNL. Lá eu fiz os cursos de Robert Diltz e Judith De Lozier, que me fizeram descobrir uma disciplina muito diferente daquela popularizada na Itália e os incríveis resultados que por meio dela podiam ser obtidos. Gostei muito da abordagem deles sobre a matéria, embora os dois tivessem uma filosofia e um propósito que provavelmente eram diferentes dos meus: embora eu tivesse aprendido muito, não consegui reconciliar a linha deles de desenvolvimento pessoal com as minhas ideias, preferindo pela minha escolha pessoal um estilo mais prático de aplicação da PNL. Então tive o desejo de seguir diretamente para a fonte e decidi seguir os cursos do Richard Bandler para tentar entender os segredos de um dos criadores da PNL. Richard é um gênio, uma pessoa verdadeiramente extraordinária e brilhante que, no entanto, conectou muito a sua atividade ao mundo do marketing, diminuindo o compromisso com o ensino. Depois disso, frequentei também as aulas com Jonh Grinder e fiquei surpreso ao ver como um dos criadores da PNL propunha então uma disciplina tão diferente daquela originalmente formulada e, na minha opinião, muito menos eficaz. Como já mencionado, as divisões entre os dois estudiosos, cada um dos quais seguiu uma estrada mais próxima da sua formação de base — uma humanística, e a outra matemática —, infelizmente afetaram negativamente o desenvolvimento da matéria por parte deles.

Ao final desses estudos, embora eu estivesse enriquecido e entusiasmado, ainda estava insatisfeito. Faltava alguma coisa... E aquilo que eu precisava, encontrei na Time Line Therapy®. Eu tinha ouvido muitas pessoas falarem sobre essa técnica milagrosa e também lido alguns livros de Tad James, seu teórico, que é um dos principais exponentes da PNL e do desenvolvimento pessoal no nível internacional. Então decidi me inscrever nos cursos de Tad e Adriana James para completar a minha formação e me aprofundar na Time Line Therapy®, o que foi um verdadeiro choque elétrico! Descobri um novo mundo e percebi que a Programação Neuro-Linguística que eu havia estudado até então era uma versão "distorcida". Todos os estudiosos do primeiro momento tinham começado de fato a elaborar evoluções da disciplina, derivadas de suas respectivas ideias e seus respectivos objetivos. Assim foi com Bandler, mais orientado para os aspectos de negócio e ao "show", assim com Grinder com a sua "PNL Novo Código", e assim também com Diltz e De Lozier, comprometidos em divulgar o que é chamado de "PNL de terceira geração".

Em Tad, encontrei um instrutor muito bem preparado e capaz, apto a transmitir a teoria original da PNL em toda a sua força e eficácia. Sua associação, a American Board of NLP (ABNLP), persegue o mesmo objetivo e contribui para preservar, como uma espécie de oásis, a integridade da disciplina de todas as contaminações sucessivas. Com Tad e Adriana, estudei o conteúdo da matéria na sua forma mais autêntica e descobri o potencial incrível e efetivo da Time Line Therapy®. Também me aprofundei nos temas da hipnose e do coaching. E foram eles que me fizeram conhecer os estudos sobre os planos junguianos aplicados a PNL e me convenceram da importância de definir as atividades do coaching usando todas essas técnicas em sinergia. Além do meu crescimento individual, desde o primeiro curso pude notar uma melhora no meu desempenho também como coach no campo de trabalho: graças aos ensinamentos de Tad e Adriana, de fato, o cliente não só obteve os mesmos resultados muito mais rápido e de forma mais eficaz, mas também os obteve com menos esforço e os manteve a mais longo prazo.

Depois de ter conseguido todas as certificações da ABNLP, frequentei o APEP™ Accelerated Personal Evolution Program™, um curso que envolve o quarto plano da teoria junguiana, o plano espiritual, e do qual só era possível participar sendo convidado pessoalmente por Tad e Adriana. E graças a este fundamental encontro humano, profissional e fundamental, posso dizer que fiz um ponto de inflexão no caminho que eu tinha estabelecido e que encontrei em Tad e Adriana não só os meus mentores, mas também dois amigos e duas pessoas maravilhosas.

Por que precisamos melhorar?

Na base da escolha de realizar um percurso de coaching existe esta questão de tamanho existencial: "Por que precisamos melhorar?". Temos de começar a partir de algumas considerações da natureza sociopolítica e econômica. Após a Guerra Fria, no mundo ocidental surgiu como modelo econômico dominate o capitalismo, um modelo altamente competitivo e, portanto, meritocrático. Isso é verdade hoje não só nos países anglo-saxões, mas também em países onde o comunismo prevaleceu por muito tempo. Vivemos em um mundo altamente competitivo, numa sociedade que tende a se concentrar na meritocracia e no vínculo entre as habilidades dos indivíduos e as suas capacidades para alcançar o sucesso na vida. Melhorar-nos se torna, nesse contexto, antes de tudo um fator de "sobrevivência". Durante muito tempo, no decorrer da história humana, a sociedade foi caracterizada pela imobilidade. Quem nascia fazendeiro estava destinado a permanecer fazendeiro por toda a sua vida, enquanto o nobre vivia confortavelmente com a renda adquirida devido à sua posição. A sociedade de hoje baseia-se na melhoria contínua das pessoas e é caracterizada pela tentativa de tentar colocar as asas no próximo o máximo possível, para criar menos concorrência. Aquilo que é necessário para tentar subir na escala social é não deixar "cortar as asas", e em um modelo altamente competitivo e, portanto, meritocrático devemos nos esforçar para ter maiores escolhas e maior liberdade de adaptação, princípio sintetizado na "Lei da Variedade Necessária": o sistema ou a pessoa com maior flexibilidade de comportamento é aquele que controla o sistema. Em outras palavras, quem governará o sistema será quem for capaz de se adaptar melhor. Em igualdade de noções e habilidades, poderá realmente atingir os seus próprios objetivos quem puder expressar esses potenciais da maneira mais efetiva.

Muitas vezes eu ouço dos meus clientes que o chefe deles "não entende o quanto eles valem", embora tenham muito potencial: é verdade, cada um de nós tem um enorme potencial. O problema reside em saber como colocá-lo em prática. Enquanto o nosso desempenho permanece inalterado, é impossível para os nossos superiores perceberem os nossos méritos. Eles precisam de demonstrações concretas. Sinais claros de um potencial que não permanece, de fato, latente, mas que se manifesta em escolhas, estratégias e resultados mensuráveis. Aqui está o verdadeiro objetivo do coaching: ser capaz de "maximizar" o desempenho para aproximá-lo de nosso potencial!

CAPÍTULO 2

Propósito, objetivo, ação

A "Huna", uma forma de xamanismo praticada pelos Kahuna havaianos, baseia-se no pressuposto de que cada indivíduo cria sua própria experiência pessoal da realidade. Seus sete princípios fundamentais também podem ser de inspiração para nós. O terceiro, em particular, chamado "Makia", parece apresentar perfeitamente o tema deste capítulo. Ele recita: "*Energy flows where attention goes*". Ou seja: as energias vão para onde a atenção é dirigida.

Traduzido em uma linguagem mais "nossa", esta máxima apenas nos lembra a importância de se concentrar no que realmente se quer, evitando dispersar esforços e recursos em direções inconsistentes. Se, por exemplo, digo a mim mesmo: "Eu quero obter um bom lucro", estou direcionando a atenção, e consequentemente minhas energias, para o lucro, isto é, para um objetivo positivo. Mas se eu disser: "Eu não quero ser pobre", estou dando bastante atenção à possibilidade de um evento negativo, à falta de meios, ao desconforto da pobreza. Qual das duas perspectivas oferece o melhor impulso para agir?

Concentrar-se em obter um bom lucro, em vez de em como escapar da pobreza, é fundamental. É o primeiro passo para transformar o nosso modo de pensar e, consequentemente, a nossa vida. Isso nos induz a encontrar sempre novas ferramentas efetivas para prosseguir um propósito positivo, que neste caso é o lucro econômico, mas que pode variar de acordo com as prioridades de cada um.

Vamos dar um passo avante. A palavra "objetivo" no vocabulário português representa algo que queremos alcançar, uma meta a ser atingida. Podemos definir o objetivo como um indicador do projeto de vida que escolhemos e realizamos. Se expandirmos o ponto de vista e tentarmos entender quais são os objetivos, é óbvio que eles por sua vez representam as etapas de um caminho. Mas aonde eles nos levam? As pessoas geralmente apontam para um "objetivo" superior, que podemos definir como propósito. Se identificarmos o objetivo final de nossas ações, vamos implementar uma série de decisões para obtê-lo: essas escolhas não são mais que os nossos objetivos, isto é, os passos intermediários necessários para alcançar o propósito.

Pensemos por um momento no que aconteceria se tivéssemos metas que fossem completamente desencadeadas do nosso propósito. Seria como escalar uma parede de escalada tentando atraí-las casualmente; algumas fora do nosso alcance, outras longe do caminho mais lógico para completar a subida, outras ainda muito frágeis, que arriscam nos fazer cair. Dessa forma, não são suficientes para alcançar o topo e, mesmo que isso fosse possível no final, perderíamos muito tempo e desperdiçaríamos muitas energias se não tivéssemos identificado imediatamente as rochas mais eficazes para uma escalada rápida e segura.

A maneira mais eficaz para construir metas é identificar claramente nosso propósito. Ou seja, permanecer na imagem de escalada: não apenas gastar tempo ou então ficar mostrando nossos novos tênis de escalada, mas calcular como chegar no topo da montanha. Alguém pode replicar que às vezes é precisamente a identificação do propósito que traz os problemas e nos coloca em crise; então é necessário raciocinar degrau por degrau. Voltemos para o primeiro exemplo. Dissemos que queremos ter um bom lucro: para qual objetivo? Uma resposta pode ser "para ter uma vida melhor". Repetimos a pergunta: qual a finalidade? "Satisfazer todos os meus interesses, sem ter que renunciar a algo." E novamente, com que finalidade? "Encontrar a felicidade." Este "encontrar a felicidade" é geralmente o objetivo final da maioria das pessoas. Embora a felicidade possa ser compreendida e expressa de várias maneiras, cada um de nós sabe qual é a sensação mais próxima.

Resumindo: identificar um propósito serve para canalizar nossas energias, finalizá-las em determinada direção, levando em consideração uma cadeia de passagens intermediárias que chamamos de metas, que, por sua vez, implicam a realização de ações direcionadas. Quanto mais amplo e importante para nós for o nosso propósito, melhor serão as nossas performances.

Como saber se o propósito que eu identifiquei é realmente "certo" para mim? Gosto de dizer que é quando isso "faz bater meu coração", ou seja, quando tenho uma forte reação emocional ao pensar em poder alcançá-lo um dia.

Ter um propósito bem definido nos dá o impulso principal e mais eficaz para agir quotidianamente. Além de nos ajudar na definição dos objetivos, somos de fato encorajados a completar as ações de vez em quando necessárias para alcançá-los.

O pensamento positivo tradicional, em suas muitas declinações, afirma que, se uma pessoa realmente sabe o que quer, certamente irá obtê-lo mais cedo ou mais tarde. Por trás dessa afirmação se esconde, no entanto, o risco de simplificações perigosas. É verdade que conhecer o objetivo final nos permite planejar metas coerentes e precisas – em outras palavras, formular uma "estratégia". É igualmente verdade que nada vai acontecer se não pudermos passar o plano do projeto para a ação. Infelizmente, muitas vezes a importância desta segunda dimensão, concreta e aplicada, é ignorada.

Imaginamos que queremos nos tornar milionários pela loteria e, levantando-se todas as manhãs com a convicção de vencer e se comportar como se realmente ganhássemos, fingimos empunhar o prêmio sem comprar os bilhetes... Vocês já viram alguém obter sucesso sem fazer nada? Não basta ter um propósito e planejar ações: é preciso pegar a situação e fazer o que estabelecemos, já que nada na vida será servido em uma bandeja de prata. Claro, as ações devem ser congruentes e funcionais com o objetivo escolhido.

O coaching é útil e valioso em ambos os momentos: primeiro na definição de objetivos, depois na transição crucial da estratégia para a ação, especialmente no que diz respeito ao gerenciamento de interferências. Uma intervenção de coaching ajuda não só a delinear de forma clara e compreensível todo o conjunto de ações a serem tomadas para atingir nosso objetivo, mas acima de tudo a desenvolver a capacidade de construirmos uma espécie de "caixa de ferramentas" para utilizar cada vez que encontrarmos obstáculos. Esses obstáculos — que primeiro chamamos de "interferência" — devem ser lidos como um sinal positivo, a prova de que realmente iniciamos um caminho. Dificilmente vamos encontrar obstáculos estando sentados no sofá... mas será ainda mais difícil alcançar nossos objetivos!

Erra quem atribui ao coaching a tarefa de nos indicar a solução mais fácil para atingir nossos objetivos. Nem sempre o caminho que parece mais simples é o melhor. O trajeto que cada um de nós tem que passar pode ter muitos cruzamentos, ou seja, escolhas diferentes, e de vez em quando nos cabe entender se um obstáculo torna a estrada impraticável o suficiente para desistirmos e abandonarmos o objetivo ou se podemos considerá-lo uma oportunidade, um estímulo e um indicador de que estamos indo na direção certa. Resumindo, a tarefa do coach é nos ensinar a quebrar as barreiras das interferências. Um bom coach deve nos encorajar, nos ajudar a agir de forma eficaz e nos fornecer ferramentas — novas maneiras de se comportar — para superar os obstáculos com mais facilidade. No entanto, não podemos esperar que nos ofereçam atalhos sem buracos, mesmo porque quanto maior e mais importante o objetivo, mais longo, duro e difícil o caminho a percorrer. O papel do coach é aumentar as possibilidades que temos de superar os problemas.

O jogo da causa-efeito

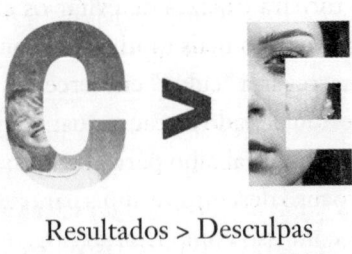

Resultados > Desculpas

Para todos, acontece de dizer: "Eu não consegui fazer isso por causa de..."; ou então: "Eu não fiz isso porque não pude". Vamos ler esse tipo de situação sob a lente da relação causa-e-feito. Quando recorremos a justificações parecidas, somos a causa das nossas afirmações ou somos o efeito? Claramente, estamos do lado do efeito, isto é, passivamente passando pelas ações de uma outra pessoa. Cada vez que atribuímos um fracasso a um fator externo, nos autorrelegamos a esse papel passivo, porque não estamos nos perguntando o que poderíamos fazer para alcançar o resultado desejado.

Se nos acharmos dizendo algo assim, deve-se acender uma lâmpada dentro de nós, um tipo de sinal de alarme: estamos na parte errada da equação, aquela potencialmente sujeita à interferência de outras pessoas, a quem deixamos a responsabilidade do que acontece com a gente. Para voltar a ser a causa daquilo que nos diz respeito, devemos em primeiro lugar tomar a responsabilidade das nossas ações. É essa mudança de perspectiva que nos dá a chance de agir sobre as nossas vidas, de mudar as coisas. Trata-se de entender que, se não conseguimos alcançar um objetivo da forma como imaginamos, isso não deve ser tomado como um fracasso, mas como um *feedback*: obviamente não fizemos as ações mais efetivas para realizá-lo. Uma tomada de consciência nos tornará capazes de evitar os erros anteriores e retomar o nosso caminho mais motivado e consciente de antes, sem ter que descarregar a "culpa" em terceiros.

Resumindo: estou do lado da causa quando penso ser responsável pelos resultados e trabalho para obtê-los; estou do lado do efeito quando procuro desculpas e álibis para justificar o fracasso ao invés de lidar com isso como *feedback*.

Se quisermos manter as rédeas da nossa vida nas nossas mãos devemos, naturalmente, tentar permanecer sempre do lado da causa. Infelizmente, desde crianças, muitos de nós estamos acostumados a escolher viver do lado errado da equação, menos gratificante porém mais confortável: o efeito. Portanto, é necessária uma reversão radical da perspectiva. Richard Bandler usa uma metáfora de que eu gosto muito: a do ônibus. Quem dirige o ônibus é a causa, porque é aquele que carrega mais pessoas e decide aonde o ônibus irá. O motorista tem o poder de escolher o destino, enquanto os passageiros a bordo só podem sentar e se deixar levar.

Pensamos em outra situação muito comum. Há quem diga: "Meu chefe não me dá a promoção porque ele não entende as minhas potencialidades", mas a realidade não é assim, como se vê facilmente revertendo ponto de vista: "Infelizmente, não consegui fazer entender ao meu chefe todo o meu potencial". Aceitando assumir a responsabilidade sobre o problema, nos descobrimos os únicos que podem fazer o nosso chefe entender o quanto valemos. A "bola" está nas nossas mãos, e não nas mãos dos outros.

Neste ponto, é claro que, para mudar nosso papel na equação causa-efeito, primeiro devemos prestar atenção na linguagem que usamos, sabendo que se recorremos a expressões como "por culpa de...", "por causa de", estaremos certamente do lado do efeito. Para sair para o lado da causa — isto é, do sujeito que atua e não é submetido —, devemos nos perguntar o que precisamos fazer para alcançar o resultado desejado. Aqui, automaticamente, cancelaremos também da nossa mente a convicção de que aquele resultado seria impossível, pois seremos nós mesmos e somente nós os responsáveis por tudo o que acontece.

Como Tad James gosta de repetir: "Lembre-se de que, cada vez que você aponta o dedo para alguém, pelo menos três dedos estão apontando para você".

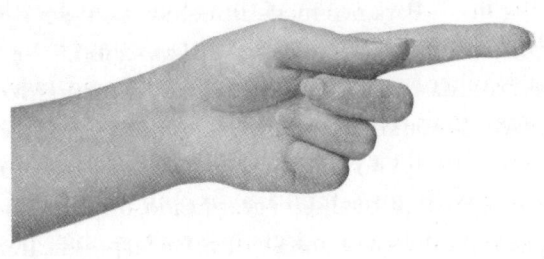

O modelo SMART

Apresento para vocês agora um modelo realmente eficaz para escrever e alcançar os nossos objetivos. Colocar os objetivos no preto sobre o branco é, de fato, uma das premissas necessárias em um caminho de automelhoramento, pois os torna mais reais e realizáveis. O problema pode ser como anotá-los, e para ajudar com isso temos o modelo SMART, sigla inglesa que significa:
- *Specific, Simple;*
- *Measurable, Meaningful*
- *All areas of life, As if now*
- *Realistic, Responsible;*
- *Timed, Toward what you want.*

Com base no modelo, cada objetivo que escrevemos terá que ser:

- Específico (*Specific*) ou seja, orientado para um único resultado, e Simples (*Simple*), ou seja, não uma explicação articulada, mas a enunciação pura do que queremos.
- Mensurável (*Measurable*), ou seja, quantificável: levantamos a hipótese de que queremos uma maior renda do trabalho, mas se nos limitarmos a escrever: "Gostaria de ganhar mais" será muito genérico e não nos estimulará a multiplicar os nossos esforços na convicção de que mesmo só um real a mais é sempre um passo à frente. O objetivo deve indicar os nossos resultados detalhados, por exemplo: "Quero ganhar 200 reais a mais por mês". Para nos motivar melhor, também deve ser importante e significativo para nós (*Meaningful*).
- Todas as áreas da vida (*All areas of life*) devem estar envolvidas no objetivo. Voltando ao exemplo, "ganhar mais" terá um significado no nível do trabalho, uma vez que implica uma promoção a partir da qual serei gratificado, mas também terá um impacto positivo na minha vida privada, pois ficarei mais confortável e capaz de realizar os meus desejos. O objetivo também deve ser imaginado como se fosse agora (*As if now*): deve-se escrevê-lo no tempo presente, como se fosse um objetivo já alcançado. Por exemplo: "15 de agosto de 2020 ganho 3.000 reais por mês". A escolha de colocá-lo no presente está altamente relacionada com a ideia de tempo de que falaremos mais adiante.
- Realista (*Realistic*): colocar metas inalcançáveis é desmotivante e contraproducente. Se é verdade que todos temos as mesmas potencialidades e, portanto, podemos apontar para os mesmos objetivos, também é verdade que certos fatores influenciam de maneira decisiva sobre o nosso desempenho. Se eu, por exemplo, quisesse me tornar campeão olímpico de natação, mas já tivesse 50 anos e ainda não soubesse nadar, provavelmente não estaria estabelecendo um objetivo realista. Existem limites físicos e somos obrigados a levá-los em conta. Mesmo planejando me submeter a exercícios exaustivos

por vários anos, na esperança de competir e ganhar, com 65 a 70 anos, contra jovens de 20 anos, isso ainda parece ser uma utopia. Para ser realista, entende-se que o objetivo deve estar ao nosso alcance, e será útil dividi-lo em uma série de objetivos microintermediários que nos acompanhem passo a passo; se tenho 50 anos e quero aprender a nadar bem, posso ter como primeiro objetivo que em até um ano eu vou atravessar uma piscina olímpica em estilo livre em um minuto. Sucessivamente eu vou tentar melhorar esse tempo. Haverá uma lista como esta: "Em 1º de fevereiro de 2020 eu atravesso a piscina em um minuto"; "em 1º de fevereiro de 2021, eu atravesso a piscina em 40 segundos"; "em 1º de fevereiro de 2022, eu atravesso a piscina em 30 segundos". É crucial mirar no topo, mas tudo deve ser proporcional para o nosso ponto de partida e para os nossos limites físicos. O objetivo também deve ser Responsável (*Responsible*), ou seja, não deve prejudicar a nossa vida e nem a dos outros. Se consigo, por exemplo, alguns ganhos, terei que ter o cuidado de modificar meu comportamento para que o tempo maior dedicado ao trabalho não me leve a descuidar da minha família.

- O fator tempo (*Timed*), como antecipado, é crucial. Tenho que definir prazos, escrever as datas exatas dentro das quais eu vou alcançar o objetivo. Os prazos excessivamente genéricos não ajudam a ser fiel com os compromissos. Cada objetivo também deve ser orientado para o propósito final que foi identificado (*Toward what you want*). Essa última característica permite que você realize uma avaliação consistente da coerência dos objetivos em relação ao que você finalmente quer alcançar.

O modelo SMART, um sistema realmente eficaz para gerenciar os seus próprios objetivos, é funcional, desde que o objetivo de sua vida naquele momento seja bem claro, um objetivo que "faz bater o seu coração"; se você escolheu se tornar a causa da sua própria vida, isto é, ter o volante do ônibus nas mãos.

A desilusão deve estar nos planos

Neste ponto, eu pergunto: quanto é importante planejar? Imaginar um *script* preciso, para seguir por linhas palavra por palavra até a realização do objetivo, não faz nada além de criar as bases para uma sucessiva desilusão. Você vai se perguntar o porquê. Nós podemos prefigurar um objetivo, escrevê-lo de acordo com o modelo SMART, determinar as ações necessárias para alcançá-lo com o propósito em mente, mas devemos ter cuidado para não construir um filme imodificável, feito de expectativas detalhadas. Vou explicar isso com um exemplo que pode parecer incomum. Digamos que eu decida ir à praia por alguns dias para relaxar; o objetivo seria relaxar, e o propósito é provavelmente encontrar um relaxamento mental: é inútil imaginar como serão as férias em cada detalhe. Também é inútil, então, imaginar que seria um dia ensolarado, uma agradável brisa do mar, que jogaria frescobol com o meu filho na beira do mar... Se por acaso, uma vez na praia, começasse uma tempestade, todo esse "roteiro" deveria mudar com certeza. Se eu deixasse que esse ponto ficasse preso no "filme mental" que construí, obviamente seria vítima do desapontamento. Eu me convenceria de não ter alcançado o objetivo, simplesmente porque há um pequeno obstáculo inesperado. Mas se eu focasse no meu propósito, o mau tempo me pareceria irrelevante. Na verdade, eu veria muitas outras possibilidades, igualmente atraentes, para alcançá-lo. Por exemplo, aproveitar um *spa* de um hotel, jogar cartas com meu filho ou ficar na cama o dia todo, afinal no fundo eu tinha entrado de férias porque precisava descansar. Se eu evitar planejar todos os detalhes, evito criar os potenciais obstáculos que me levam a acreditar ter perdido o objetivo. É um pouco como se estivéssemos pensando no almoço de Natal com a família feliz e harmoniosa, todos os pratos cozidos no ponto, os presentes ideais para cada um... Em vez de testar os fatos em tais ocasiões — eu acho que isso também já aconteceu com vocês —, as piores diatribes familiares nos fazem esquecer no forno o prato principal até que o cheiro de queimado nos obriga a interromper a discussão. Quanto aos presentes... bem, melhor nem falar nada! Um verdadeiro desastre. No entanto, qual era o meu objetivo?

Passar o tempo com a minha família, com as pessoas de quem gosto, sabendo que elas não são perfeitas e não são tão boas na cozinha. As variáveis na vida são muitas e são imprevisíveis. Não é necessário "desafiá-las" — e esperar esquivar-se delas — com programas muito rígidos. Lembre-se sempre de que o que chamamos de "obstáculos" geralmente são apenas indicadores de que estamos no caminho certo. Em vez de perder tempo no planejamento de detalhes marginais, vamos definir bem o objetivo na cabeça e identificar as simples ações que desencadeiam o processo para alcançá-lo. Reservar o hotel na praia, encher o tanque do carro... colocar na mala também uma capa de chuva.

Diz Richard Bandler: "A desilusão exige muita preparação". Ou seja, toda vez que escrevemos um *script* muito preciso, estamos servindo sobre uma bandeja de prata a futura desilusão.

EXERCÍCIO

Vamos escrever juntos um objetivo alcançável seguindo o esquema que acabei de mostrar. Siga as etapas de forma escrupulosa e você verá que seu objetivo no final deste exercício será muito mais aconchegante e você terá muito mais vontade de alcançá-lo.

1) ESCREVA UM OBJETIVO EXATAMENTE COMO VOCÊ TERIA ESCRITO ANTES DE LER ESTE CAPÍTULO.

Exemplo: "Quero aprender coisas novas com este livro."

SEU OBJETIVO:

_____

_____

2) AGORA TORNE-O ESPECÍFICO.

Exemplo: "Quero ter novas ideias sobre coaching a partir deste livro sobre coaching".

SEU OBJETIVO:

_____

_____

3) AGORA TORNE-O MAIS MENSURÁVEL E SIGNIFICATIVO PARA VOCÊ.

Exemplo: "Quero ter duas novas ideias sobre coaching a partir deste livro PARA MELHORAR A MINHA VIDA".

SEU OBJETIVO:

_____

_____

4) CERTIFIQUE-SE DE QUE, ALCANÇANDO O OBJETIVO, VOCÊ TENHA BENEFÍCIOS EM TODAS AS ÁREAS DE SUA VIDA E ESCREVA-O COMO SE FOSSE AGORA.

Exemplo: "Tive duas novas ideias a partir deste livro que melhoram minha vida".

SEU OBJETIVO:

_____

_____

5) CERTIFIQUE-SE DE QUE SEJA REALISTA E RESPONSÁVEL (ECOLÓGICO).

O nosso objetivo no exemplo de fato já é realista e responsável.

SEU OBJETIVO:

_____

_____

6) AGORA CERTIFIQUE-SE DE QUE SEJA NO SENTIDO QUE VOCÊ QUER E COLOQUE UM LIMITE DE TEMPO[2].

Exemplo: "Hoje, 19 de agosto de 2020, eu tenho dois novos conhecimentos deste livro que melhoram minha vida".

SEU OBJETIVO:

_____

_____

Aquilo que fizemos é apenas um processo simples que nos permite melhorar a nossa eficácia na estruturação dos muitos objetivos que escolhemos diariamente ter. Agora, leia o objetivo escrito na etapa 1: é o mesmo objetivo da etapa 6? Qual lhe traz mais emoção?

---

[2] Para fazer este exemplo funcionar, supomos que você tenha comprado este livro em 15 de agosto de 2020.

CAPÍTULO 3

Pressuposições

Se você acredita conseguir ou não conseguir, você vai ter razão.

Henry Ford

Tad James, que considero o meu verdadeiro mentor, durante as suas aulas e cursos geralmente constrói um chapéu de papel e coloca na sua cabeça, afirmando que é o capacete do "programador neuro-linguístico". Qual é o significado dessa cena? Simplesmente, Tad quer simbolizar, com o chapéu, o conjunto base de convicções que todos os especialistas em PNL deveriam ter em mente ao trabalhar com um cliente. Esses princípios, chamados de "pressuposições", fornecem ao coach as diretrizes para operar e, ao mesmo tempo, são a principal ferramenta para monitorar a consistência de seu próprio trabalho. Você pode achar certo ou errado, não importa: é fundamental, no entanto, que o coach que te segue coloque resolutamente na cabeça esse "chapéu" de convicções e permaneça fiel. O mesmo se vocês se tornarem coaches de outra pessoa. Todas as "pressuposições" devem ser feitas e tomadas de forma real.

As pressuposições da PNL são 14 e são um dos presentes mais lindos feitos para a prática do coaching. Ao examiná-las, vocês descobrirão que alguns conceitos já foram discutidos nos capítulos anteriores. São os alicerces da disciplina, aqui sistematizados em uma lista, mas que achei melhor antecipar uma explicação mais elaborada do meu ponto de vista.

1. Respeito pelo "modelo do mundo" dos outros. Cada um de nós cria o seu próprio "modelo do mundo", ou seja, a sua própria ideia, sua própria visão de como as coisas funcionam em geral. O coach deve respeitar o modelo do cliente, já que o "modelo do mundo" do indivíduo é crucial no interno da comunicação. Quando quero convencer alguém de algo, primeiro preciso entender como essa pessoa estrutura a realidade, para calibrar a minha mensagem com base nos nos seus valores, ideias e crenças. Caso contrário, dificilmente eu conseguiria penetrar no interlocutor com as minhas palavras.

2. Os comportamentos e as mudanças devem ser avaliados de acordo com o contexto e a ecologia. O trabalho que fazemos para tentar produzir mudanças em uma pessoa precisa ser avaliado com base no contexto em que a pessoa vive e as possíveis mudanças secundárias que serão automaticamente criadas ao interno do seu próprio mundo. Quando falamos de "ecologia", não queremos dizer o termo no seu sentido mais clássico — isto é, uma atitude de atenção e cuidado para o ambiente natural —, mas sim indicar o ambiente humano e social dentro do qual uma pessoa vive, o seu "mundo". Esse ambiente deve ser respeitado no processo de mudança, evitando perturbá-lo. Por exemplo, se o objetivo de um cliente é ter mais tempo para si mesmo, não podemos simplesmente levá-lo a ter mais períodos de férias. É provável que isso comprometa a "ecologia": se a sua renda, como acontece frequentemente, está principalmente ligada ao trabalho, uma redução dos dias de trabalho terá repercussões sobre outros aspectos importantes. Toda mudança que tentamos estimular deve, portanto, levar em consideração as mudanças que ela produz na vida geral da pessoa.

3. A resistência por parte de um cliente é um sinal da falta de *rapport* (não existem clientes difíceis, apenas comunicadores inflexíveis. Os comunicadores eficazes aceitam e utilizam qualquer forma de comunicação que aparece). Quando uma pessoa resiste à mudança, significa que com ela não estabelecemos um relacionamento suficiente de confiança, ou seja, que ainda falta a empatia necessária entre nós. Não podemos atribuir a dificuldade do coach a um presumido caráter "difícil" do cliente. Se as coisas não funcionam, é porque o coach não é suficientemente flexível, ou seja, não está usando a forma mais eficaz de comunicação para a transmissão da mensagem para aquela pessoa específica, naquela específica circunstância. Como somos a "causa" no processo comunicativo[3], quando nosso interlocutor não entende o que estamos dizendo, devemos lembrar que a responsabilidade da comunicação está em nossas mãos e cabe a nós encontrar outra maneira, diferente e mais apropriada, de transmitir o conceito.

4. As pessoas não coincidem com os seus comportamentos (aceite a pessoa, mude o comportamento). Muitas vezes, associamos a identidade de uma pessoa a um único comportamento, e isso nos leva a "rotulá-la" de maneira brutal. Vamos usar o exemplo típico da relação entre pais e filhos: quantos de vocês disseram ao próprio filho "Você é um garoto ruim" na ocasião de um capricho ou uma brincadeira, e quantos de vocês sentiram como se repetissem isso a vocês mil vezes na sua própria infância? Dizer a uma criança que ela é ruim significa atribuir o termo "ruim" à identidade da criança, quando, em vez disso, a criança simplesmente teve uma reação negativa naquela circunstância. No nível neurológico, há uma enorme diferença entre dizer "você é um garoto ruim" e "você fez uma coisa ruim" porque, no primeiro caso, o adjetivo está associado à pessoa e no segundo, a

---

3 Vide capítulo 2.

seu comportamento. E enquanto o comportamento pode ser alterado sem muito esforço, sabemos que moldar a identidade de um indivíduo é muito mais difícil. Lembramos, portanto, que nossas avaliações devem sempre ser sobre as atitudes e as ações, e não na indole do sujeito. Julgar uma pessoa como geralmente boa ou má, simpática ou antipática não leva a nada. Avaliar os seus comportamentos nos ajudará a mudá-los.

5. **Qualquer um que faz o seu melhor com os recursos que tem à disposição (o comportamento é orientado para se adaptar às situações e aquele é a melhor escolha à disposição no momento. Todo comportamento é motivado por uma intenção positiva).** Cada um de nós faz o melhor que pode baseado naquilo que sabemos fazer e nos meios de que dispomos. Acho particularmente impressionante a imagem da caixa de ferramentas: cada pessoa age de acordo com os instrumentos que encontram ali dentro. Aqueles que têm apenas um martelo vão se esforçar muito para apertar um parafuso, mas não obterão um bom resultado, enquanto aqueles com uma chave de fenda sem dúvida encontrarão menos dificuldade nessa tarefa. Quando avaliamos quem "pratica" certo comportamento devemos julgá-lo de acordo com as ferramentas que ele possui dentro da sua caixa. Por exemplo: se um homem deve ser considerado censurável porque bate na sua esposa, mas descobrimos que, desde criança, sempre viu o pai bater na sua mãe, devemos levar em consideração que essa atitude foi aprendida e armazenada na caixa de ferramentas. Com base na sua experiência, as porradas são um comportamento normal entre marido e mulher. Eu sei que a imagem é muito forte, e é intencionalmente para transmitir o quanto cada um está condicionado pela sua própria experiência e pelas consequências adquiridas de várias maneiras ao longo da vida. Obviamente não pretendo justificar a violência, apenas refletir sobre o fato de que, para o homem do exemplo, aquele comportamento é motivado pela intenção positiva de replicar o

que ele viu quando era criança. Para ele, o relacionamento entre um homem e uma mulher só pode ser gerenciado dessa maneira, até que ele tenha um comportamento novo e mais eficaz na sua caixa de ferramentas[4].

6. Calibrar o comportamento: a informação mais importante sobre uma pessoa vem do seu comportamento. Ao lidar com alguém, devemos cuidar dos seus comportamentos reais mais do que da forma como ele mesmo se avalia, diz e define. Alguns dizem: "Eu sou uma pessoa que tenta sempre ajudar os outros"; mas, na prova dos fatos, não encontramos confirmação dessa sua imagem ideal. As pessoas geralmente têm a convicção ou a presunção de ter certas características que, então, não encontram resposta no seu modo de vida; para entender se há uma correspondência entre percepção de si e realidade, seus comportamentos precisam ser estudados. Para revelar as emoções e a intenção sincera de uma pessoa, é necessário observar de fato a sua ação. Embora seja importante ter convicções, bem como cultivar sonhos e ideais, se estes não se traduzem em comportamentos concretos, eles permanecem apenas expectativas estéreis, que não são representativas da nossa verdadeira maneira de ser.

7. O mapa não é o território (as palavras que usamos não são o evento ou objeto que representam). Pelo termo território entendemos a "realidade", o lugar físico, enquanto o mapa é a representação da realidade. Por exemplo, Milão é "o território", a imagem de Milão que encontro no Google Maps® é "o mapa". No próximo capítulo, aprofundaremos o conceito de que a realidade não é objetiva, mas sempre subjetiva, o resultado de nossa visão individual. Depende do fato de que, quando descrevemos

---

4 Os exemplos não terão julgamentos de valor sobre o que está escrito e exemplificado, uma vez que o julgamento sobre o valor não é uma matéria do coaching, os exemplos podem ser fortes para exprimir o conceito ao máximo e impulsionado aos extremos.

pela linguagem um evento ou objeto, não estamos transmitindo a realidade daquele evento ou daquele objeto, mas a representação interna que elaboramos, aquilo que lembramos seletivamente e subjetivamente. A falta de correspondência entre a realidade e a descrição da mesma às vezes é bastante clara: se no restaurante eu quiser experimentar uma lasanha à bolonhesa, não é mordendo a página do menu com a palavra "lasanha" que vou poder sentir o sabor, e muito menos o que irá me saciar...

8. É você que tem o controle sobre sua mente e consequentemente sobre os seus resultados (eu, por minha vez, tenho o controle sobre a minha mente e os meus resultados). Uma vez que temos o controle de nossa mente, está em nós a responsabilidade por nossas ações e os resultados que elas produzem. Este ponto está ligado à relação de causa-efeito observada no capítulo anterior. Quem dirige o ônibus dirige a própria mente, ou seja, decide por sua própria conta qual a direção tomar e é responsável por todos os aspectos da viagem. Com base em suas escolhas de condução, ele obtém resultados e, no caminho, encontrará outras pessoas que, por sua vez, buscarão os seus próprios resultados. É importante lembrar que o controle dos resultados que temos na nossa frente tem a ver exclusivamente com o outro, bem como o controle dos nossos resultados compete somente a nós.

9. As pessoas têm todos os recursos de que precisam para realizar os seus próprios objetivos e alcançar os resultados desejados (não existem pessoas sem recursos, apenas estados que não fornecem recursos). Cada pessoa possui em si todos os recursos necessários para alcançar seus objetivos e alcançar seu próprio propósito na vida. Cada um de nós tem o mesmo "potencial" que aprendemos a definir. A influenciar sobre um resultado — isto é, sobre aquela que chamamos de "performance" — há o conjunto de interferências que intervêm e colocam limites para nossas ações. O coach sabe que o cliente tem todos os recursos úteis para efetuar a mudança que ele deseja. O seu dever é trabalhar sobre as interferências que impedem a pessoa de expressar o seu melhor.

10. Todos os procedimentos devem aumentar a plenitude. O objetivo principal de uma intervenção de coaching é eliminar os conflitos internos da pessoa, a fim de promover uma maior "plenitude". Quantas vezes usamos expressões como "eu gostaria... mas", "eu deveria... porém"? Isso acontece quando queremos fazer algo, mas um conflito interno nos impede de atingir o objetivo. Essas escolhas são todos cenários possíveis que potencialmente aumentam a interferência da pessoa e, assim, diminuem o desempenho. Com uma intervenção de coaching, podemos resolver essas oposições e dar ao cliente um estado de equilíbrio, em vez de um conflito interno. Vamos pensar sobre o sinal de TV que chega nas nossas casas: em alguns quartos, vocês já notaram o metal do cabo coaxial na parede. Se conectamos o dispositivo diretamente a essa tomada, o sinal será claro e as imagens, limpas, mas se, por exemplo, inserirmos uma tomada dupla, porque queremos conectar duas TVs ao mesmo tempo, o sinal perderá qualidade e a imagem será menos perfeita. Isso ocorre porque o adaptador "divide" em duas partes o sinal transmitido pela antena, que chega então para os dois dispositivos enfraquecido. O exemplo muito prático nos ajuda entender o quanto é importante resolver os conflitos internos para evitar a dispersão de energia, e então aumentar no cliente aquela que chamamos de "plenitude".

11. Existe apenas *feedback* (não existe o fracasso, mas apenas *feedback*). Falar sobre *feedback*, em vez de fracasso, nos ajuda a enfrentar de forma justa um resultado que não depende das expectativas. O *feedback* é realmente uma "resposta" que a realidade nos oferece sobre as nossas ações. Isso nos estimula a investigar o processo que levou a esse resultado negativo, em vez de nos concentrarmos apenas no resultado em si. Se eu não alcancei completamente o objetivo, é evidente que surgiram alguns problemas durante o percurso. Quais foram? Como posso corrigi-los agora? Como posso evitar que as mesmas críticas surjam da próxima vez? Esta é a chave para não ser desencorajado, para escapar da ideia de fracassar que, como um muro, provavelmente corre o risco de crescer entre nós e nossos próximos objetivos.

12. O significado da comunicação está na resposta que você obtém. Quem comunica — e a comunicação está no centro de cada intervenção de coaching — precisa fazer continuamente as contas com o *feedback* fornecido pelo destinatário da sua mensagem. Essa verificação constante é usada para entender se a estratégia de comunicação é a certa ou não. Quando percebemos que o nosso interlocutor não está entendendo completamente o que estamos dizendo, existem duas atitudes para evitar: derramar sobre ele — sobre a sua falta de atenção ou inteligência — a culpa pela falta de compreensão, e persistir em repetir da mesma e idêntica maneira, muitas e muitas vezes, o conceito. Repita: sim, eu concordo, mas só se a mensagem não for apenas chata... A saída está, como sempre, nas nossas mãos, e cabe a nós melhorar a comunicação em curso, encontrar a chave, o tom, a linguagem ou o exemplo mais apropriado para chegar ao alvo.

13. A lei da variedade necessária: o sistema/pessoa com maior flexibilidade de comportamento é aquela que controla o sistema. Quanto mais flexíveis são os meus comportamentos, maior a minha capacidade de me adaptar ao contexto e assim a minha capacidade de controlar o que acontece comigo na vida. Como já mencionado no capítulo 2, quem consegue adaptar o seu comportamento a respeito de diferentes situações, sem ficar preso na rotina de atitudes muito rígidas e repetitivas, aumenta as possibilidades de escolha e a capacidade de resposta aos problemas. Voltando à imagem de que eu gosto muito, podemos dizer que essa pessoa possui uma caixa de ferramentas muito mais abastecida.

14. Todos os procedimentos devem ser visados para aumentar as escolhas à disposição. Estamos agora no último ponto da lista, que, à luz de todos os outros, deveria ser intuitivo. Todo intervenção de coaching deveria, em última instância, buscar fornecer novas ferramentas para nossa caixa: quanto mais meios eu possuir, mais escolhas terei à disposição nas múltiplas circunstâncias da vida, então maior será a liberdade na gestão da minha existência.

Essas pressuposições não são regras arbitrárias, fruto da imaginação de alguém. São comportamentos que a experiência determinou preciosos e funcionais, sobretudo durante os processos de mudança. Naturalmente, todos podem encontrar os vários pontos mais ou menos úteis e decidir usá-los na vida privada e nos esforços pessoais para melhorar a si mesmos. Em um percurso de mudanças baseadas sobre o relacional, como o coaching, as pressuposições são, no entanto, indispensáveis. Elas são para o coach, que deve usá-las como guia e medidor de avaliação da sua própria intervenção, e são para o cliente, que pode considerá-las como a maior garantia da eficácia do percurso realizado.

A mente inconsciente

Com base na análise das 14 pressuposições, entendemos quais são as diretrizes de um percurso de mudança que alavanca os recursos mentais de alguém. Vamos ver agora o que faz contrapartida a essa dimensão racional. O que influencia, além das escolhas conscientes e, portanto, controláveis, o resultado das nossas ações. Então vamos entrar nos mistérios da mente inconsciente. O que é a mente inconsciente e por que ela é importante? É uma parte de nós da qual não estamos plenamente conscientes, a parte emocional que integra aquela racional. Uma parte que, como explicado anteriormente, é essencial envolver em um percurso de coaching que você deseja completo e eficaz a longo prazo.

Sintetizando e simplificando ao máximo[5] — mas espero que sem banalizar demais —, estas são as principais características da mente inconsciente que devemos conhecer:

- **Conserva as memórias.** A mente inconsciente armazena e reelabora as nossas experiências. Vocês se lembram da cor do seu primeiro quarto? Muitos certamente saberão responder, mesmo que, até um momento antes de ler a pergunta, não estivessem pensando na cor do quarto de quando eram crianças. Isso ocorre porque a parte inconsciente de nós mantém as memórias de toda a nossa existência e é capaz de chamá-las ao nível consciente quando necessário.
- **Lista as memórias** em base cronológica, ao longo de uma linha do tempo.
- **Governa e faz funcionar o corpo,** regulando toda uma série de atividades físicas involuntárias necessárias para a vida. Por exemplo, faz bater o coração, nos faz respirar, disciplina várias funções corporais, protege o organismo e garante que tudo seja mantido em boa forma. A mente inconsciente também é aquela que dá respostas funcionais à sobrevivência em situações críticas; é por isso que, por exemplo, no caso de um incêndio, reagimos instintivamente fugindo das chamas para nos salvar.
- **É a sede das emoções.**
- **Reprime as recordações associadas a emoções negativas não resolvidas.** Aqueles que sofreram um trauma forte demais muitas vezes não têm a recordação do momento em que aconteceu. Isso ocorre porque a mente inconsciente, para

---

5 Estamos aqui diante de um tópico que merece uma discussão muito mais completa e especializada. Neste quadro, é possível abordá-lo para sugestões breves, mas úteis para expor o meu ponto de vista sobre o coaching e o método de abordagem que uso nos meus cursos.

nos proteger, cancela as memórias negativas para nós insustentáveis, ou pelo menos as reprime até o momento em que estamos prontos para enfrentá-las como aceitáveis.

- **"Ofende-se" facilmente...** Brincando, você poderia dizer que a mente inconsciente leva todas as nossas escolhas "para o pessoal", e se comporta às vezes de forma muito infantil. Se tentarmos enganá-la ou evitá-la, tomando decisões que não levem em conta a sua sensibilidade peculiar, ela tende a "fazer caprichos" e não cooperar. Particularmente durante um processo de mudança, se ela não estiver envolvida no "jogo", pode fazer oposição de várias maneiras. Por exemplo, reiterando as emoções negativas não resolvidas. Já aconteceu com você de tomar uma decisão importante para sua vida na mesa, com base em considerações puramente racionais, e depois se sentir triste? A culpa desse estado de espírito é da mente inconsciente que, sem ser questionada, reexpôs uma emoção negativa com a qual fazer as contas. Da mesma forma, quando estamos muito tensos ou sob estresse, e tentamos reagir usando apenas a lógica, a mente inconsciente pode nos enviar sinais no nível físico, talvez na forma de dor, para nos fazer entender que estamos exagerando.
- **É simbólica:** usa símbolos e responde a eles. Se eu pedir para que você pense em uma árvore, na sua mente se materializa uma imagem que até um segundo antes não existia e representa uma árvore genérica, não necessariamente definida na forma e na espécie. Esta é a árvore escolhida pelo inconsciente como uma etiqueta da "gaveta" contendo todas as árvores possíveis da sua mente.
- **Funciona de acordo com o princípio do menor esforço possível** para obter um resultado. Procura a estrada onde há menos resistência. É por isso que é crucial envolver a mente inconsciente em todos os processos de mudanças conscientes. Para estruturar um percurso de coaching, é importante identificar não só os objetivos, mas também o caminho mais

eficaz para alcançá-los. Esta segunda função é típica da mente inconsciente, que pela sua própria natureza sempre identifica a estratégia mais direta.

- **Não processa as negações.** É curioso que, para explicar este conceito, devemos recorrer necessariamente a uma negação. Se eu disser para não pensar em um elefante rosa, o que vem na sua mente? Primeiro, obviamente, a imagem do elefante cor de rosa é formada na cabeça, que depois você cancela. A nossa mente inconsciente, para processar negações, deve primeiro produzir a representação do objeto, para depois eliminá-lo. Agora imagine como esse recurso funciona em um diálogo clássico entre duas pessoas: sempre que um recorre a uma negação, o outro é forçado a representar essa ideia na mente e depois convencer-se a colocá-la no lixo. É por isso que nunca devemos recorrer a frases como: "Você está triste?"; mesmo que o interlocutor estivesse no melhor dos modos, a nossa pergunta evocaria um sentimento de tristeza, e isso não é bom nem funcional. Da mesma forma, problemas para aqueles pais que dão ao filho menor os pincéis, recomendando: "Não escreva nas paredes!". Eles lhe deram uma ideia brilhante — escrever nas paredes — que nunca tinha passado por sua cabeça…

Em conclusão, envolver a mente inconsciente nas intervenções de coaching é importante não só porque permite integrar o plano de racionalidade com aquele das emoções, mas também porque nos permite facilitar e tornar a mudança mais efetiva.

CAPÍTULO 4

Agora chegamos no mérito do modelo de comunicação PNL, para ver como ele estrutura nossa "realidade".

Quantas vezes usamos expressões como "a realidade dos fatos é que..." ou "na verdade é assim..."? Quando iniciamos um discurso dessa maneira, é porque estamos convencidos de expressar um conceito universal e incontroverso, válido para nós e para os outros na mesma medida. Nas próximas páginas, tentaremos entender como as palavras apenas transmitem a nossa visão pessoal, e são apenas uma reelaboração subjetiva do evento em questão.

Anos atrás, alguns estudos científicos tentaram medir a quantidade de estímulos que nós, seres humanos, recebemos constantemente do mundo exterior, o que equivale a informações enviadas aos nossos cérebros para os *"bits"* da linguagem informática. Os resultados da pesquisa foram surpreendentes: primeiro, revelaram que cada um de nós foi "investido" por uma massa de dados de 2 milhões de *bits* por segundo; estudos sucessivos chegaram a estimar 11 milhões de *bits* por segundo! Que sejam 2 ou 11 milhões, para nós interessa pouco... trata-se de qualquer forma de um número exorbitante, muito superior a nossa capacidade de assimilar a informação; se é verdade que, como resulta sempre dos estudos em matéria, o nosso cérebro é capaz de receber e processar até um máximo de 134 *bits* por segundo.

O cérebro humano recebe esse enorme conjunto de dados através dos cinco sentidos (visual, auditivo, olfativo, gustativo e cinestésico

— ou seja, o tato) e o sujeita a três processos: distorção, generalização e deleção. Isso porque nossa mente consciente recebe apenas uma pequena parte dos *inputs* provenientes do mundo externo, e usa mecanismos seletivos que permitem formular uma representação interna efetiva do que está acontecendo no exterior. Vamos ver em síntese como eles operam, a partir de uma situação muito comum.

Estou no bar com um amigo e estou conversando com ele. Além do *barman*, estão presentes alguns outros clientes. Atrás do balcão estão expostas inúmeras garrafas coloridas de refrigerantes e de bebidas alcoólicas.

- Deleção: instintivamente, a nossa atenção é focada seletivamente em determinados aspectos da situação que estamos vivendo, negligenciando e depois excluindo outros. Nesse caso, vou prestar mais atenção ao que o meu amigo está dizendo, sem levar em conta toda uma série de detalhes do ambiente. Por exemplo, se me perguntassem, provavelmente eu não me lembraria se havia um relógio no local ou como as outras pessoas estavam vestidas.

- Distorção: muitas vezes nós involuntariamente alteramos a realidade, ou seja, vemos algo como se fosse outra coisa. Por exemplo, eu poderia confundir um pequeno broche preso na jaqueta do meu amigo com um inseto e, aproximando-me para espantá-lo e olhando com mais atenção, perceber que se trata de um acessório.

- Generalização: é a aptidão para classificar as coisas por "temas". Simplificando, imaginamos o cérebro como um enorme arquivo, dividido em muitas gavetas, cada uma das quais representa um conjunto específico de objetos: automaticamente, quando vemos (ou escutamos, cheiramos etc.) alguma coisa, tendemos a colocá-la na gaveta mais apropriada, junto com todos os outros objetos homogêneos. Se, por trás do *barman*, houver uma série de

25 bebidas diferentes em garrafas coloridas, vou me lembrar que eu vi garrafas, mas irei listar cinco ou dez dos nomes das bebidas presentes. Lembrar de tudo é difícil, aliás, impossível. Como é que o nosso cérebro se comporta, então? Coloca na gaveta "garrafas de bebidas" uma série infinita de marcas, rótulos e cores. Vendo esses itens no fundo, enquanto está ocupado elaborando outras informações mais importantes — a conversa com o meu amigo — marcará sua presença sem fazer caso para os nomes específicos. É por isso que eu me lembro da "classe" em vez do único singular objeto, mas quando é preciso, posso reconhecer e classificar as coisas de uma maneira muito mais específica. A generalização é um mecanismo fundamental também porque é a base de cada processo de aprendizagem.

Generalizações, deleções e distorções não são mecanismos "padrões" que acontecem para todos da mesma maneira. Por isso pessoas diferentes reagem de maneira muito diferente ao mesmo evento: daquilo, elas distorceram, deletam e generalizaram de forma diferente a massa de *input* recebida da "realidade". Os 134 *bits* que recebemos e reformulamos não são os mesmos que recebeu e reformulou o indivíduo que está ao nosso lado.

Dizemos que se trata de mecanismos seletivos. Então, como cada um de nós seleciona o que distorcer, deletar, generalizar? A intervir sobre a escolha das informações, há uma série de filtros: metaprogramas, valores, crenças, atitudes, decisões e recordações. Eles podem ser conscientes ou até inconscientes; muitas vezes de fato nós os fazemos entrar no jogo inconsciente. Aquilo que importa é que, por esse processo de seleção e reelaboração, é criada no nosso cérebro uma representação interior do mundo circundante que chamaremos de "realidade"; ela será composta de imagens, sons e sensações. Quando nos lembrarmos de determinado evento, nós o chamaremos de volta na mente por meio de imagens e de sons — o rosto e a voz de um amigo que nos fala no bar —, cheiros ou sabores, e sobretudo através das emoções que foram vividas naquele momento.

Por meio dos três prevalecentes sistemas sensoriais — visuais, auditivos e cinestésicos — vamos criar a nossa singular e individual representação da realidade, que é de apenas 134 *bits* sobre 2 (ou até mesmo 11!) milhões que decidimos elaborar.

Quais são as consequências desse trabalho criativo contínuo de uma visão pessoal do mundo? Para compreendê-lo, é necessário dar um passo adiante, e saber que cada representação nossa vai criar um "estado" interior o qual, banalizando, pode ser definido em "como nos sentimos" naquele momento: por exemplo, estamos felizes porque estamos brincando com alguns amigos ou tristes porque algum amigo tomou isso como uma situação dramática. Quando modificamos ou evocamos um estado, ele por sua vez irá influenciar a fisiologia, a nossa maneira de ser física: postura, a expressão facial etc. Se estamos felizes, provavelmente vamos ter um sorriso estampado no rosto e uma bela postura ereta, enquanto que, se estamos pouco empáticos, definitivamente fecharemos os nossos ombros, e facilmente nos deixaremos cair para a mesa da frente e manteremos uma expressão bastante séria.

Tudo claro? Vamos recapitular: a fisiologia é influenciada pelo "estado" emocional que vivemos em um determinado momento, que por sua vez é induzido pela representação interna que chamamos de "realidade", mas que em vez disso é a nossa visão dela, elaborada por meio de instrumentos presentes na famosa "caixa de ferramentas"[6].

Tudo isso pode parecer muito abstrato, por isso eu proponho um exercício prático: um simples jogo que lhe dará uma impressão imediata, e talvez surpreendente, dessa interação de influências.

Depois de ter lido as instruções, execute o que for necessário na frente de um espelho, observando as mudanças na imagem refletida.

---

6 Expressa, em outras palavras, essa correlação entre os vários aspectos que foi descrito no parágrafo sobre os planos junguianos.

1. Vá com a sua memória a um momento da vida em que você realmente riu tão exageradamente que você não conseguia mais parar. Lembre-se de onde você estava, os sons que você ouviu, as emoções que sentiu. E volte a esses momentos, relate à mente a razão pela qual você estava rindo assim e olhe para a cena como se fosse um filme. Agora olhe para o espelho e estude como mudou a fisiologia do seu corpo. Você provavelmente vai sorrir, ou então você vai estar curvado para frente para rir, em qualquer caso, você terá notado as mudanças no seu corpo e na sua expressão. Entrar em uma representação interna — isto é, uma recordação — mudou o seu estado e te deu uma nova fisiologia.

2. Evoque o momento da vida em que você se sentiu mais gratificado: por exemplo, quando você obteve um sucesso escolar ou uma promoção no trabalho, ou quando seu filho nasceu. Uma situação que o deixou orgulhoso de si mesmo. Recrie exatamente a cena: onde você estava, o que você estava fazendo, os sons e as vozes ao redor, o que disse para si mesmo, as emoções que sentiu. Concentre-se como se estivesse ali novamente, no próprio agora, então olhe para o seu corpo no espelho.

Como sua aparência, seu comportamento e a postura do seu rosto mudaram?

Nós vimos dois exemplos possíveis de como nosso estado influencia a fisiologia e como isso é capaz de mudar também o comportamento que adotamos: se estamos felizes, nos comportaremos de uma maneira, se estivermos motivados, de outra maneira, se estamos procrastinando um compromisso, de outra maneira ainda.

Cada um de nós tem uma série de metaprogramas, valores e crenças que determinam uma representação interna individual e peculiar do mundo externo. Ainda temos certeza de que eles fazem sentido como "as coisas foram assim" ou então "esta é a verdade"?

A representação interna

Como é a nossa representação interna de um evento? Com base nas imagens fornecidas pelo sistema visual, nos sons fornecidos pelo sistema auditivo — ou pelo que chamamos de "sistema auditivo digital": aquele tipo de monólogo interno segundo o qual tendemos a comentar sobre qualquer circunstância da vida, quase na forma de crônicas de rádio — e nas emoções, são o que podemos chamar sensações de "barriga", cuja transmissão fornece o sistema cinestésico.

O que enfatiza essas representações internas e nos faz mudar um estado positivo para um negativo, de um funcional para outro não funcional ou vice-versa, é como elas filtram a realidade. Esta é uma passagem crucial, sigam com atenção: se a "realidade" que percebemos como tal nasce da elaboração de 11 milhões de *bits*, filtrados e reduzidos para 134 para que o nosso cérebro possa "digerir", é claro que as imagens, os sons e as emoções que identificamos são simplesmente algumas das propriedades do evento a que assistimos ou do qual estamos participando. Podemos compará-los a "adjetivos" que dão significado ao conceito, ou seja, atribuem um sentido à nossa representação interna do real. O resultado, isto é, a lembrança que teremos, terá um conjunto de características precisas ligadas aos três sistemas — visual, auditivo e cinestésico — pelos quais recebemos a maior parte dos dados. No jargão, chamamos essas características de "submodalidades".

As submodalidades representam o instrumento graças ao qual codificamos e damos sentido às nossas representações internas. Se pudéssemos intervir sobre eles, também poderíamos mudar o significado daquilo que lembramos. Tentaremos traduzir todo o discurso em um plano mais concreto com alguns exemplos. Começamos a partir de imagens, isto é, pelas submodalidades visuais: eu me lembro de um evento que pode ser em preto e branco ou colorido, e as cores podem ser fortes ou fracas, vívidas ou desbotadas; a imagem será luminosa ou mais escura, perto ou longe, focada ou desfocada, detalhada ou panorâmica. Todas essas características são aquelas que vão influenciar a nossa reação e a nossa representação interna do evento. Provavelmente uma cena embaçada terá um impacto menor sobre mim e afetará menos meu estado emocional. O mesmo se aplica aos sons: grave ou agudo, volume alto ou baixo, com ritmo lento ou rápido e com qual fonte? Eu os ouço vindo de trás, dos lados ou da frente? Há alguma pausa ou o som é interrompido? São vozes, músicas ou ruídos? Em nível cinestésico, uma submodalidade ligada à esfera emocional é a "localização" da emoção. Muitos, ao dizer "eu me sinto oprimido", indicam instintivamente um ponto no centro do peito com a mão. Esse gesto revela que, para eles, a opressão naquele momento é nesse ponto do corpo. Sempre gesticulando, há aqueles que dizem o quanto é grande essa sensação ao descrever o "perímetro" com a mão. Há aqueles que simplesmente apontam um dedo para o peito, há quem empurra toda a palma da mão: é uma estratégia comunicativa muito simples de codificar, o que nos permite compreender imediatamente a qualidade e a "quantidade" do desconforto. Os gestos também indicam outra característica cinestésica que chamamos de intensidade: quanto mais forte é a emoção, mais me levará a agitar as mãos.

Ao aprender a reconhecer essas características de nossa representação interna, também somos capazes de entender o mecanismo segundo o qual criamos e, portanto, tentar intervir sobre ela trabalhando sobre a submodalidade. É aqui que devemos começar a controlar a reação que uma representação nos desperta e, de consequência, o estado emocional que ele gera. Modificar as submodalidades nos permitirá de mudar o nosso comportamento diante de um evento ou uma recordação que temos.

O gerenciamento das submodalidades é uma prática delicada, que requer exercício e normalmente é aprendida sob a orientação de um coach. Obviamente o capítulo de um livro não pode substituir um percurso personalizado de acompanhamento que o coaching é capaz de oferecer. Vou me limitar, então, a oferecer uma série de exemplos, úteis na minha opinião para compreender os princípios básicos que entram em jogo quando eu tento modificar as submodalidades de uma representação interna.

Vamos começar pelo mundo das emoções. Já aconteceu com você, ao expressar um particular estado de humor, de indicar para um ponto do corpo? Você diz: "Eu me sinto..." e instintivamente leva uma mão às têmporas, ou à nuca, ou em outra área do corpo. Tente agora concentrar-se nesse ponto. Você notou que sua emoção é colocada nessa posição específica? Uma das coisas que Richard Bandler enfatiza durante todos os seus cursos é que as emoções têm um movimento, isto é, não são estáticas, mas se movem, podem girar no sentido horário ou anti-horário, empurrando para fora ou para dentro. Se conseguirmos nos concentrar sobre o ponto que apontamos, em contato com a emoção, notaremos que essa resposta cinestésica realmente existe, e podemos tentar forçar o seu movimento modificando-o. Faça com que ele gire na direção oposta, acelerando ou diminuindo a velocidade, direcione-o de fora para dentro e vice-versa. O que aconteceria se, por exemplo, eu sentisse uma emoção no peito que gira rapidamente no sentido horário, e eu tentasse retardá-la e reverter a sua rotação? Eu notaria que sinto uma emoção diferente; eu poderia obter uma resposta cinestésica completamente nova. Isso ocorre porque, ao inverter a maneira como as submodalidades comunicam algo para mim, eu vou mudar o significado da representação a que elas se referem.

 O mesmo exercício pode ser aplicado nas submodalidades visuais. Tente pensar sobre a imagem que você tem de um ex--namorado ou namorada e quanto isso o faz sofrer. Essa imagem pode ser tão grande como um prédio, nítida, colorida: tudo isso lhe dá uma maior importância no interior do seu cérebro. Se você conseguir vê-la tão pequena como uma formiga, embaçada, em tons de cinza, essa figura provavelmente se tornará menos pesada para você.

 Jogue com as submodalidades, tente modificar essas imagens, como se estivesse tentando calibrar melhor a tela de uma televisão ou de um computador. Observe o que acontece. A estratégia da PNL está essencialmente resumida nesse tipo de exercício. Vai-se "por tentativas" até quando não conseguimos encontrar a fórmula mais eficaz.

Com quantos de nós acontece de conversarmos com nós mesmos, talvez para dar-nos motivação em situações difíceis? Quando dizemos a nós mesmos coisas como "eu fui muito bom", "eu sou lindo de morrer", "eu sou realmente o melhor", isso é uma boa coisa: estamos usando um diálogo interno com um valor poderoso. Quando, no entanto, murmuramos "que nojo", "eu não posso", "eu não vou fazer bem", estamos nos colocando para baixo. O que podemos fazer para superar esses problemas? Quando algo parecido acontecer com você, tente mudar as submodalidades daquela vozinha interna, por exemplo atribuindo o timbre de voz do Pato Donald ou do Mickey Mouse. A mensagem desanimadora não irá se apagar, mas levar a sério a voz do Pato Donald que diz que você não vai conseguir fazer isso é francamente difícil...

Eu repito: jogue com as submodalidades, improvise e esteja pronto para entender o que acontece. Uma das principais conquistas do coaching é que nos ensina a desvendar os falsos "problemas". Todos nós tendemos a superestimar as dificuldades, rotulando-as como "problemas". Mas, em geral, não fazemos nada além de dar muita importância ao que é um simples "erro de processo". Perguntamo-nos, então, quanto é importante aprender a corrigir esses mecanismos mentais? Mas primeiro é necessário entender completamente como eles funcionam.

Vamos inserir agora na nossa reflexão o conceito de percepção e projeção. Em resumo, esse conceito nos diz que o fruto da nossa representação interna da realidade é também o que nós projetamos para o nosso externo. Uma série de imagens, sons e sensações que representam um determinado evento, para nós corresponderão a uma série de atitudes e comportamentos que manifestaremos externamente. Imaginemos que um dia temos que fazer um discurso público, com medo, porém, de não sermos capazes. A representação interna — preventiva — que teremos daquele momento será de nós mesmos à medida que fazemos um papelão na frente de todos. Projetando para o externo essa convicção de maneira inconsciente, daremos lugar a comportamentos que nos levarão efetivamente a falar de forma ineficaz.

Esse mecanismo de percepção e projeção não tem nada de estranho ou de "mágico", como poderia parecer. É realizado de forma totalmente natural e diferente para cada tipo de pessoa. Cada um de nós deve estar ciente do que percebe, imagina e acredita que ele projetará para si próprio, através de uma série de atitudes involuntárias e incontroláveis. O que podemos controlar é a construção da representação interna que dá origem a tais comportamentos.

Sabemos que nossas representações internas da realidade não só condicionam o nosso humor, mas também correspondem à imagem de nós mesmos que oferecemos externamente, como somos percebidos, então quanto é importante que essas representações sejam efetivas? É obviamente fundamental. E muito mais será dentro de um percurso de coaching. Se o coach acredita que um cliente específico não tem a esperança de melhorar e que ele não vai conseguir os seus objetivos de mudanças, ele vai projetar sobre a pessoa essa convicção negativa, e em consequência a sessão de coaching será ineficaz, porque terá sido feita com base sobre o ceticismo e sobre a pouca motivação para produzir resultados. Como ocorre essa projeção? De maneira inconsciente, por meio do "paraverbal": uma linguagem do corpo que não cria confiança no cliente. Além disso, provavelmente, sem querer, o coach vai investir muito menos energia para ajudar esse cliente comparado a quando ele faz isso de modo geral. Tudo isso obviamente vai minar a base do relacionamento e a possibilidade de obter sucessos.

Para qualquer um, em qualquer caso, é importante saber que o que está na sua mente influencia de maneira decisiva o que será realizado na sua vida. Você já notou que, nos dias em que está de mau humor, acontece que experiencia especialmente coisas desagradáveis? Isso ocorre porque a sua percepção de que é um dia azarado e sua projeção externa são as mesmas: tudo se torna automaticamente negativo. A mesma coisa acontece quando você está de bom humor: se você se levanta "com o pé direito" e diz a si mesmo que se sente realmente bem, o dia geralmente é ótimo para você.

Esta correspondência entre a percepção e a projeção não é um conceito novo ou mesmo exclusivo da PNL ou da teoria do coaching. Isso já era bastante claro para os hipnotistas do século passado, segundo os quais grande parte do resultado da "terapia" dependia da convicção daqueles que a usavam. Se o hipnoterapeuta estava persuadido de que o cliente não podia entrar em transe, de acordo com a famosa "profecia que se autorrealiza", o outro na verdade não alcançava aquele estado, não pela sua incapacidade, mas pela desconfiança de quem teria que ajudá-lo.

CAPÍTULO 5[7]

Diante de um novo cliente, o coach é imediatamente chamado para ter uma ideia de como essa pessoa cria as suas próprias representações internas da realidade para depois ajudá-la a agir sobre elas. Além disso, o primeiro passo para quem quer descobrir algo mais sobre si mesmo e iniciar um percurso de desenvolvimento pessoal é compreender quais mecanismos estão dirigindo e afetando a própria percepção da realidade.

Tendo visto a importância dos processos de deleção, distorção e generalização, e tendo pensado sobre as submodalidades, um outro aspecto fundamental diz respeito à organização do tempo, das recordações e das emoções.

O que é o tempo? Nada além de uma convenção humana. No mundo animal, o tempo não é marcado por segundos, minutos, horas, dias, meses e anos: os animais o entendem como uma adaptação dos seus próprios ritmos biológicos às mudanças no mundo exterior. Para um animal diurno, por exemplo, o tempo se identifica como tempo para dormir quando está escuro, e a hora de acordar é quando está claro, a hora para acasalar é em determinados períodos, a hora de ir caçar é quando estão com fome. Isso ocorre porque a natureza dotou todas as criaturas,

---

7 Uma enfatização importante: este capítulo não é de maneira alguma uma explicação do que é a Time Line Therapy®, nem muito menos pretende apresentar a técnica de coaching Creating Your Future®, as duas, marcas do Dr. Tad James.

incluindo o homem, de certas características necessárias para a sobrevivência das espécies, incluindo o instinto de realizar certas atividades no momento mais apropriado. O que fez a diferença para o ser humano? O que levou o homem a modificar um conceito de tempo que para ele, também, em sua origem, estava intimamente ligado aos ritmos naturais? De acordo com a famosa definição de Aristóteles, o homem é um "animal racional", que em algum ponto da sua história, decidiu gerir "racionalmente" o tempo também, dividindo-o em unidades sempre iguais: segundos, minutos, horas, dias, semanas, meses, anos, décadas e assim por diante. A parte consciente de nós subdivide dessa maneira o tempo, digitalizando e atribuindo a cada parte uma "etiqueta" específica. A mente inconsciente, no entanto, que bem antes da introdução das convenções sobre a sua medição regulava o tempo de acordo com o princípio-base da organização linear, ainda hoje usa uma "linha do tempo" para armazenar as lembranças.

Você se lembra da cor da sua primeira bicicleta? E o que comeu ontem à noite no jantar? De onde chegam as imagens que vêm da sua memória diante dessas perguntas? Você vai notar que elas parecem se referir a duas "posições" diferentes: a primeira mais longe e a outra muito mais perto. Isso ocorre porque inconscientemente — a gestão das lembranças é uma função da mente inconsciente, se lembra? Veja o Capítulo 3 — o tempo é organizado sobre uma base linear, as suas lembranças são então colocadas ao longo de uma linha a partir do nascimento que termina no momento presente, mais ou menos perto do momento da vida a que se referem. Existem duas maneiras diferentes de armazenar as memórias nesta linha: uma é denominada "no tempo", e a outra é denominada "através do tempo".

"No tempo" quer dizer que o passado se encontra atrás das suas costas, enquanto o futuro está na sua frente. Como se eu estivesse dirigindo ao longo de uma estrada direta: o passado é o trecho que já foi percorrido, visível no espelho retrovisor, enquanto a linha reta que se delineia na sua frente representa o futuro.

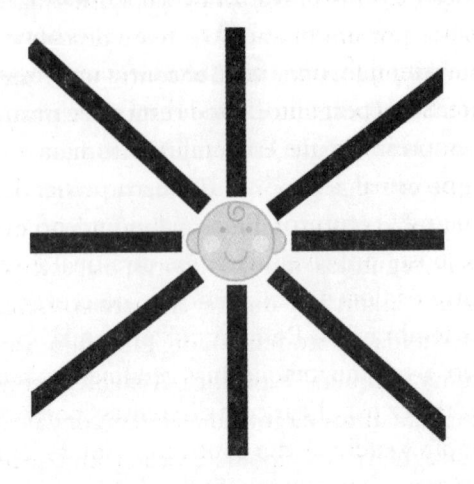

"Através do tempo" é quando você tem toda a linha de tempo na frente: ela pode ser orientada da direita para a esquerda ou da esquerda para a direita, indiferentemente; como se eu estivesse construindo um colar e, uma vez que o nó inicial foi criado, eu colocasse as pérolas uma de cada vez desde a primeira até a última.

Estes dois métodos, quando usados de maneira predominante, podem indicar dois tipos diferentes de pessoas. Para entender qual é a prática mais instintiva para você, vamos fazer um jogo: feche seus olhos por um momento e tente descobrir onde está o passado, por exemplo, onde você encontra um evento passado recentemente. Se eu pergunto: "Onde está o seu primeiro dia de trabalho na empresa em que está empregado agora?" ou "Onde estão as suas próximas férias?" — isto é, na prática, onde está o passado, onde está o futuro? Para qual ponto no espaço você aponta? A resposta provavelmente lhe dirá qual é seu método principal, entre os dois que acabamos de descrever, para organizar as suas lembranças. Pontuando "principal" porque nem sempre usamos o mesmo método, mas geralmente usamos ambas modalidades, talvez para lidar com diferentes "porções" de tempo. Por exemplo, notei que me controlo assim: as lembranças e projeções futuras de longo prazo são "no tempo", vejo o futuro à minha frente e o passado atrás de mim. Na minha frente, tenho a imagem de mim mesmo daqui a um ano, atrás as lembranças do verão que acabou de passar. Os eventos de curto e curtíssimo prazo, por outro lado, eu os encontro armazenados "através do tempo"; em particular, o meu dia começa a partir do alarme, que coloco na esquerda da linha, e continua com a sucessão das várias atividades que me esperam, concatenadas uma após a outra para a direita. Embora seja verdade que cada um de nós tem uma preferência por um dos dois métodos — uma preferência inconsciente obviamente —, em suma isso não deve nos levar a acreditar que devemos utilizar somente aquele.

Claro, quem usa de maneira predominante um critério ou outro tende a ter traços de caráter distintivos, que em breve vamos aprofundar. Primeiro, porém, pergunte-se se entendeu como o inconsciente organiza as lembranças e, especialmente, se está claro como você mesmo pode arquivar, graças ao exercício sugerido anteriormente.

Vamos agora ver quais são as características que distinguem aqueles que usam principalmente o primeiro ou segundo sistema.

"Através do tempo": somos ocidentais

Aqueles que veem a sua linha de tempo se mover da esquerda para a direita, ou indiferentemente da direita para a esquerda, ou seja, "atavés do tempo", têm uma visão de passar do tempo ininterrupto. A sua figura — isto é, a sua existência no "aqui e agora" — não está de fato entre os acontecimentos do passado e aqueles do futuro; a linha não "atravessa" e pode então olhar para ela na sua totalidade. Se perguntado para ele onde coloca certos períodos já passados ou outros que ainda vão chegar, ele irá mostrar todos eles à sua frente, de um lado para o outro no imaginário colar de pérolas do exemplo. Pessoas que olham o tempo dessa maneira são geralmente muito mais conscientes da duração e da verificação das horas, dos dias e assim por diante porque veem exatamente onde eles estavam, onde estão, e onde estarão. Trata-se de pessoas que tendem a ser muito organizadas e — me desculpem se eu generalizo muito, mas é útil destacar o conceito — que têm em mente uma verificação precisa do seu dia inteiro e da semana inteira; são aqueles que vivem sempre com a agenda na mão, e eles têm mais de uma: de papel, no smartphone, no computador, sem contar os vários recados atrelados à geladeira. São pessoas que chegam com cerca de cinco minutos de antecedência e não toleram atrasos, nem mesmo os mínimos. Se você criticá-los por sua eficiência excessiva, eles se trincarão pelo respeito pelos outros e pelo tempo dos outros.

Essas pessoas geralmente têm as lembranças mais "dissociadas", isto é, antes de tudo, veem a si mesmas no interior da lembrança, são os atores principais, têm dificuldade se lhes pedem para lembrar o momento em que estavam mais orgulhosos de si mesmos na vida, uma vez que guardam os momentos juntos. É fundamental, portanto, preferir esse sistema se o nosso trabalho requer precisão absoluta e respeito pelos prazos: por exemplo, funcionará bem para um contador, um consultor de negócios, um despachante ou um funcionário dos correios. E para todos os outros papéis profissionais em que a pontualidade é indispensável.

As pessoas que planejam tão escrupulosamente o seu próprio dia, tanto para a vida profissional como para a vida familiar, também têm uma forte necessidade de terminar sempre aquilo que começaram.

Tudo isso é muito típico da sociedade ocidental; generalizando, podemos dizer que ela está organizada "através do tempo", ou pelo menos as pessoas tendem a organizar o tempo dedicado para o trabalho sobre essa base. É de fato uma sociedade baseada na pontualidade, nos prazos sobre o processo, sobre o planejamento. Em outros contextos, a visão de tempo, como veremos, é muito diferente, em nível coletivo e não apenas individual.

"No tempo": orientados no presente

As pessoas que tendem a organizar-se de acordo com o critério "no tempo" são então atravessadas pela própria linha temporal da qual veem somente a parte do futuro, têm uma concepção muito diferente da passagem de eventos. São pessoas que vivem principalmente no presente, porque qualquer evento passado, mesmo por muito pouco, desliza imediatamente para trás deles. Na frente, estão as coisas ainda a serem realizadas, os projetos. Essas pessoas, falando sobre algo que aconteceu no passado, acompanham a história com uma gesto da mão por sobre o ombro. Neste, como em outros casos, a comunicação paraverbal nos diz algo importante: que aquela pessoa se organiza "no tempo". Muitas vezes, esses gestos são acompanhados por uma terminologia coerente, com expressões metafóricas, como: "vamos deixar o que passou para trás"; "Você tem um longo caminho na sua frente"; ou então "quando você olhar para trás você verá o que você fez e você entenderá isso...". Não surpreendentemente, este tipo de pessoa não se preocupa com pontualidade e tem dificuldades especialmente em gerir o próprio tempo por meio de agendas e calendários: o que ele vê diante de si é o compromisso mais imediato, o objetivo mais próximo, que obscurece a visão dos sucessivos e se impõe como a coisa mais importante. É como se estivéssemos na fila da autoestrada, com uma fila de caminhões que impedem de ver a estrada em perspectiva, e somos forçados a superá-los um de cada vez, sem saber o que esperar em seguida. Isso afeta muito o trabalho e pode causar problemas para aqueles que vivem em um contexto tipicamente ocidental, feito de procedimentos e prazos. Aqueles que vivem "no tempo" correm o risco de estar sempre atrasados, porque para eles o tempo está mudando constantemente: não está interessado acelerar o encerramento de certas tarefas ou experiências, porque ele sabe que elas vão se concluir em qualquer caso, em algum momento, sem forçar. Além disso, em outras culturas, essa visão se adapta muito melhor. Pensamos na sociedade árabe tradicional, ou seja, como era antes da "contaminação" com o estilo de vida ocidental: poderia acontecer de você ter uma reunião de negócios genericamente "à tarde", esperar por horas para ver o seu interlocutor e vê-lo finalmente chegar na companhia de mais cinco pessoas com as quais, enquanto vocês dois estavam ocupados fazendo acordos, ele estava discutindo outras tipos de questões. Isso porque, naquela cultura, o que conta é realmente o presente, e se é induzido a terminar mais coisas ao mesmo tempo, sem se preocupar em dar prioridade e, portanto, em ter também uma organização cronológica dos compromissos.

    As pessoas que estruturam o tempo dessa maneira muitas vezes têm as lembranças "associadas", isto é, não se veem no interior da lembrança, mas olham o acontecimento passado como se estivessem ainda lá, observando isso naquele momento. Por exemplo, se você pedir que se lembrem quando leram um romance, elas veem as páginas do livro com os caracteres impressos, seus dedos navegando pelas páginas, a sala em que estavam... mas não se veem sentadas na poltrona no ato de ler. Em geral, essas pessoas mantêm uma lembrança mais precisa dos episódios individuais da vida e são capazes de retornar com precisão ao momento que recordam na memória.

Hoje em dia, muitas vezes aqueles que são mais propensos a viver "no tempo" tentam adotar o espírito ocidental no mundo do trabalho, para evitar conflitos e garantir o nível de eficiência exigido. No entanto, na vida fora do trabalho são pessoas mais livres, que gastam de maneira mais espontânea e relaxada as horas dedicadas ao lazer.

Conhecer essas duas formas de organizar o tempo é útil, antes de mais nada, porque nos ajuda a entender em profundidade situações que de outra forma tenderiam a gerar tensões e conflitos.

Se de fato nos encontramos compartilhando a vida privada, e especialmente a profissional, com alguém que administra o tempo de maneira diferente de nós, é importante saber que algumas de suas atitudes não são resultado de incapacidade ou má fé, mas simplesmente dessa sua atitude específica. E, assim como lutamos para nos adaptar ao seu estilo, também é difícil para essa pessoa lidar com o nosso. Ambos, portanto, podemos nos esforçar para ser mais tolerantes e, talvez, adotar a abordagem da outra pessoa em situações em que achamos que isso possa ser mais eficiente. Por exemplo, se meu chefe espera que eu seja pontual na entrega dos nominativos da assembleia, é inútil tentar justificar os meus atrasos, explicando que também estou trabalhando em outra coisa: tanto para me concentrar nessa específica tarefa, tão querida para ele, quanto para demostrar que eu estou interessado em vir na sua direção. Talvez quando tomarmos café juntos, em vez de incitar falando já sobre a próxima expiração, ele entenda, pela minha deliciosa expressão, que vale a pena, por cinco minutos, concentrar-se no aroma da preciosa mistura árabe. Viver então com maior intensidade no presente.

Emoções negativas, decisões limitantes e ansiedades

Conforme antecipado desde o primeiro capítulo, do meu ponto de vista, um percurso de coaching não pode intervir também no nível emocional, isto é, ajudar com as práticas essencialmente mentais como a PNL, que tem uma abordagem diferente, que se alavanca sobre os recursos emocionais do cliente. Este não é o lugar para aprofundar técnicas delicadas que consistem em lidar com as emoções negativas. No entanto, é importante, pelo menos, entender o que essas emoções representam e por que é importante levá-las em consideração. Tudo isso implica o discurso da organização linear do tempo.

Uma emoção é, por definição, um evento que criou uma forte resposta cinestésica no passado. Explico: uma emoção não pode ser, como se diz comumente, "sentida". Procure por exemplo imaginar a raiva relativa sobre um evento que ainda não foi verificado. Imagine que alguém um dia possa atropelar seu amado cachorrinho, fugindo sem sequer prestar socorro. Uma situação desagradável, sem dúvida, que se essa pessoa realmente se apresentasse você estaria enfuriado. Mas você realmente consegue sentir raiva, uma raiva violenta e sincera, simplesmente olhando com expectativa para uma possibilidade futura? No máximo este exercício de imaginação terá lhe causado ansiedade, e nada mais.

O medo, a tristeza e a sensação de culpa são todas emoções negativas necessariamente colocadas no passado e conectadas aos momentos reais da vida, a lembrança de quando realmente as tivemos "sobre nós". Para trabalhar sobre essas que constituem uma fonte primária de "interferência", um obstáculo para a realização dos nossos objetivos, é fundamental que o coach alcance os conhecimentos sobre a linha do tempo, sobre a mente inconsciente e sobre os diferentes planos do indivíduo. Para intervir também no nível emocional, não me cansarei de repetir, essa é de fato a única estratégia possível para um percurso de desenvolvimento pessoal realmente efetivo e duradouro no tempo.

Ao lado das emoções negativas, outro fator que limita a mudança do indivíduo são as "decisões limitantes". O que se entende por esta expressão? São todas as decisões tomadas no nosso passado — conscientemente ou não — que acabam sendo um vínculo pesado na construção do futuro que queremos. Pensamos em um garotinho cujo professor de matemática não consegue transmitir a paixão pela matéria. Provavelmente ele crescerá com a convicção de que a matemática não serve para nada, e isso irá afetá-lo nas suas escolhas subsequentes, também importantes. Deixará de estudá-la, por exemplo, desenvolvendo um atraso na aprendizagem que vai prejudicar certos percursos: a nota muito baixa no diploma não vai permitir que tenha acesso a uma bolsa de estudos, ou as lacunas acumuladas poderiam desencorajá-lo e levá-lo a desistir dos estudos que necessitem de conhecimentos de matemática básica, como economia ou arquitetura... e talvez esse tipo de estudo fosse útil para construir o futuro profissional dos seus sonhos. Em suma, de um desconforto inicial poderiam surgir problemas a longo prazo. Tudo isso deveria nos ajudar a entender que tais "decisões limitantes", originadas no passado, requerem uma intervenção específica: um outro salto para trás, sobre a linha do tempo, para eliminar os condicionamentos presentes.

Ao contrário das emoções negativas e das decisões limitantes, as ansiedades não são um produto do passado, mas um sentimento desfavorável que projetamos no futuro. Não é de fato possível sentir ansiedade sobre algo que já foi concluído, como um exame que já foi superado. Assim como as outras duas categorias, no entanto, as ansiedades contribuem para criar interferências, diminuindo assim o valor do nosso desempenho.

Ansiedades, emoções negativas e decisões limitantes estão entre os piores inimigos de nosso potencial, que nos impedem de expressar-nos. Compreender onde elas ficam na linha do tempo é fundamental se quisermos enfrentá-las. Compreender os nossos mecanismos inconscientes da organização do tempo, portanto, não só é útil para melhorar o nosso relacionamento com os outros, ou o nosso desempenho no trabalho, mas serve principalmente para "expulsar" as interferências que se aninham no passado e no futuro, para obter em pouco tempo realizações significativamente melhores.

Esta breve introdução ao conceito de "linha do tempo" e o papel das emoções não é uma explicação da Time Line Therapy®

ou da técnica de hipnose, dois argumentos complexos e delicados que merecem um tratamento específico. No entanto, eu gostaria de oferecer pelo menos um vislumbre sobre esses temas, que nos meus cursos têm um papel central e que acho indispensáveis na prática de coaching.

CAPÍTULO 6

Este capítulo é dedicado à descoberta de nós mesmos e dos mecanismos segundo os quais nos relacionamos com o mundo exterior. Especificamente, abordaremos um dos filtros que mais afetam o nosso relacionamento com a realidade: os metaprogramas.

A classificação dos metaprogramas se baseia principalmente nos estudos de Carl Gustav Jung, descritos no texto de 1921 "Tipos psicológicos". O propósito da análise de Jung foi prever os comportamentos e a personalidade de um indivíduo ao ter entendido o seu "funcionamento" interior. Uma outra contribuição crucial para o estudo dos Metaprogramas vem de Isabel Briggs Myers, que idealizou o famoso Myers Briggs Type Indicator Test®, ainda muito na moda nos países anglo-saxões para rastrear os perfis psicológicos das pessoas, e frequentemente utilizado pelas empresas para a escolha e avaliação dos seus próprios funcionários.

Trata-se de filtros completamente inconscientes que, ao contrário, por exemplo, das lembranças, estão fora do alcance da nossa ação consciente. Quero deixar claro imediatamente que os metaprogramas não se destinam a ser uma espécie de "rotulagem" da pessoa: eles são apenas diretrizes úteis para conhecer melhor a nós mesmos e, no caso do coaching, para entender o tipo de cliente que temos à nossa frente antes de estudar um percurso adequado. Vamos ter em mente que os metaprogramas podem variar ao longo da vida, especialmente se tomarmos um caminho de desenvolvimento pessoal e depois começamos a trabalhar sobre nós mesmos. Não são "tatuagens" permanentes que carregamos, mas as características que podemos tentar mudar, se acharmos necessário, usando estratégias adequadas.

Na teoria da PNL, a partir dos quatro "metaprogramas simples" descritos por Jung e Meyers, foram elaborados também alguns "metaprogramas complexos". Veremos todos em ordem.

Metaprogramas simples

Os metaprogramas simples nos permitem "traçar o perfil" de alguém de maneira rápida e eficaz, embora seja algo genérico. São, como eu disse, quatro:
- introvertido/extrovertido;
- sensação/intuição;
- pensamento/sentimento;
- julgamento/percepção.

Introvertido/Extrovertido

Refere-se ao comportamento que a pessoa manifesta no exterior, com base em um caráter introvertido ou extrovertido.

O introvertido será uma pessoa tendencialmente solitária, autossuficiente, de poucas e selecionadas amizades. Será mais facilmente levada para trabalhos técnicos e científicos, na area de matemática e engenharia. Tad James cita uma pesquisa nos Estados Unidos de que 75% da população dos Estados Unidos é "extrovertida". Pessoas muito mais sociais, que tendem a procurar o apoio dos outros, geralmente tagarelas e muitas vezes até dotadas de um ego importante. Os extrovertidos geralmente são bons em vendas, papéis executivos e tarefas administrativas.

Sensação/Intuição

O segundo metaprograma se refere aos processos internos de avaliação da realidade. Quem prefere a intuição é geralmente uma pessoa que está atenta ao significado profundo da experiência, interessada em ter sempre o quadro completo da situação que está enfrentando, para entender o objetivo final da ação. São pessoas que se autonomeiam geniais, artísticas e criativas; bem predispostas as mudanças, pois amam escolher entre as múltiplas possibilidades. Também são mais tolerantes e criativas. Do ponto de vista do trabalho, os intuitivos são ótimos pesquisadores cientistas, dada a sua vontade de testar novos caminhos. Eles também podem ser escritores, psicólogos, matemáticos, músicos, físicos, poetas... Poderíamos defini-los como "visionários", acostumados a considerar a existência em uma perspectiva muito ampla.

A contradição da intuição é a sensação: um metaprograma muito difundido. Essa distingue pessoas interessadas no dado concreto em vez do ideal. São personalidades estreitamente relacionadas à experiência, ao "fazer", que estão atentas a cumprir os fatos e se autodefinem "com os pés no chão". Têm a inclinação para as atividades práticas, amam a ordem, atribuem grande importância à autoridade e aos papéis; muitas vezes os encontraremos no mundo da produção, dos negócios, da administração e da tecnologia.

Pensamento/Sentimento

O terceiro metaprograma é aquele que descreve o estado interno, identificando a prevalência do componente racional ou do emocional. Em geral, no âmbito da PNL, esse metaprograma pode ser responsável até pela distinção entre o "dissociado" e o "associado", conforme descrito no capítulo anterior. Resumindo, quando uma pessoa lembra de certo estado interno por meio de uma lembrança, diremos que ela o faz de maneira "associada" quando vê a situação com seus próprios olhos, como se a estivesse vivenciando naquele instante, enquanto "dissociado" significa que o indivíduo examina a situação de uma perspectiva externa e, portanto, vê a si próprio no interior da lembrança.

As personalidades mais próximas do metaprograma "pensativo", que são levadas até a lembrança de maneira dissociada, são muito objetivas, acreditam nos regulamentos e nas autoridades. Eles tendem a se destacar em habilidades mecânicas, amam experimentar, são pacientes, aprendem muito com a leitura, necessitam ter ordem e obter bons resultados. Muitas vezes encontramos este tipo de pessoa envolvida no âmbito dos negócios ou das ciências físicas, mas também no campo jurídico ou político: são indivíduos que se concentram no cumprimento das regras e das ordens do sistema.

As pessoas levadas pelo "sentimento", em vez disso, decidem de maneira mais subjetiva, são mais sociais e muitas vezes mais sensíveis. Não é coincidência que eles sejam geralmente os mesmos que reformulam as lembranças de forma associada: isso contribui para torná-los mais empáticos. Eles tendem a preferir um emprego na area dos serviços sociais, do ensinamento, das profissões de médico-enfermagem ou da administração.

Julgamento/Percepção

O quarto e o último dos metaprogramas simples nos dizem sobre a "resposta adaptável" da pessoa, ou seja, a sua capacidade de se adaptar ao ambiente circundante.

Uma pessoa com o metaprograma julgamento é geralmente metódica, ordenada, capaz de preservar completamente o controle sobre o que acontece com ela. Ama ser o chefe da sua própria vida e programá-la nos detalhes, mesmo a longo prazo. É alguém que, por exemplo, fixa os compromissos com meses de antecedência, e entra facilmente em crise se as coisas não acontecerem exatamente como o planejado. Os indivíduos desse tipo precisam completar seus projetos, são muito decisivos e, principalmente, usam a lógica, isto é, a mente consciente. Não surpreendentemente, os encontramos muitas vezes em papéis organizacionais e gerenciais em profissões relacionadas a negócios.

Vice-versa, as pessoas com o metaprograma percepção tendem a se adaptar às transformações do ambiente externo, apoiando-as. São pessoas mais abertas e flexíveis, às vezes até impulsivas, adoram experimentar novas sensações e têm a necessidade de mudanças para se sentirem realizadas. Elas preferem o raciocínio no nível abstrato e não são estreitamente vinculadas ao componente lógico. Saem-se bem nas atividades artísticas, na música, na escritura, no marketing e, em geral, em todas as circunstâncias em que a mente inconsciente entra em jogo.

Com base na discussão sobre o tempo no capítulo anterior, podemos dizer que o metaprograma "julgamento" corresponde a uma visão "através do tempo", enquanto o metaprograma "percepção" invoca uma perspectiva "no tempo". Na verdade, eles produzem nos indivíduos respostas adaptativas semelhantes.

Metaprogramas complexos

Na prática da PNL, sentiu-se a necessidade de detalhar a classificação do modelo Jung e Myers, para analisar mais profundamente a estrutura de pensamento das pessoas. Para este fim, foram identificados outros filtros, mais inconscientes e mais descritivos, que são chamados de Metaprogramas complexos. Como reafirmado outras vezes, no coaching é vital "costurar" uma intervenção sobre a pessoa, oferecendo ao cliente um percurso individualizado, que parte de uma análise articulada de sua personalidade e das suas necessidades. É por isso que é tão importante ter algumas ferramentas de conhecimento que podem nos fornecer uma fotografia mais fiel e confiável de quem temos defronte. Os metaprogramas complexos servem precisamente para isto: eles nos guiam para entender como a pessoa estrutura a realidade, destacando as conexões que ela cria entre os *inputs* do mundo exterior; com base nisso, ajudam-nos a decifrar o seu percurso de decisão e os estímulos que podem motivá-lo.

Inicialmente, os metaprogramas complexos eram identificados ao ouvir um "monólogo": pedia-se apenas que o cliente falasse por alguns minutos, tentando aproveitar todos os elementos úteis entre as linhas de seu discurso. Hoje, no entanto, é preferível passar por um conjunto de perguntas muito precisas que orientam o coach na compreensão dos dados mais importantes para ele. Analisando os vários metaprogramas complexos, notaremos que eles têm muito mais tons do que os quatro básicos. A escolha não é entre duas opções "secas", mas também entre posições intermediárias em relação às atitudes "extremas".

1. Filtro de direção

Distingue as pessoas "em direção a", daquelas "afastando-se de", isto é, aqueles que têm uma atitude proativa, orientados a "perseguir" alguma coisa, de quem pelo contrário é mais passivo, preocupado sobretudo em "fugir de" alguma coisa. A escolha — inconsciente — entre essas duas atitudes está estreitamente ligada aos valores, um outro parâmetro importante que analisaremos no próximo capítulo.

Para entender qual atitude caracteriza uma pessoa, podemos fazer uma pergunta deste tipo: "O que você procura em uma relação de amizade?". Se a resposta for: "Procuro por alguém que me entenda e me apoie" (mas obviamente também, "que me divirta/que compartilhe as minhas paixões" etc.: não importa tanto o conteúdo da frase quanto a sua formulação!), estamos frente a um sujeito acostumado a ir em direção àquilo que quer. Se, pelo contrário, ele nos responder: "Estou procurando por alguém que não me traia e não me faça sofrer" (ou então: "Não me encha o saco"/"não me abandone" etc.), estamos falando com um indivíduo que quer se afastar daquilo que o assusta. Podemos declinar a mesma pergunta de muitas formas e observar como o tipo de resposta permanece semelhante. Por exemplo, se eu perguntar: "O que é importante naquilo que você faz?", haverá alguém que responda: "Para mim, conta obter o resultado" e quem, ao contrário, observe: "Para mim, é importante não falhar".

As pessoas "em direção a" olham aquilo que elas querem e seguem um caminho que vai para aquele objetivo. As pessoas "afastando-se de" têm menos em mente — e no coração — o objetivo final, porque se concentram na importância de escapar de uma coisa no aqui e agora.

No capítulo 2, expliquei que cada um dos nossos objetivos deve ser orientado para o propósito, isto é, aquilo realmente queremos. Por que usei a fórmula "em direção a" e não "afastando-se de"? Porque ter objetivos em positivo oferece maior motivação para agir. É mais fácil estimular alguém ao prever os resultados que então na realidade se realizam: cumprir a experiência o convence a prosseguir no percurso de mudança. Por outro lado, se o meu único pensamento for evitar uma circunstância negativa, o que quer que eu faça, eu nunca estarei certo de ter "escapado" do perigo definitivamente. Eu vou viver com o medo de que a situação desfavorável possa reaparecer, e não vou conseguir ir mais longe ao fazer progressos.

Imaginemos pegar o carro para ir fazer a viagem dos nossos sonhos ou usá-lo para fugir de alguém que não queremos ver mais: em ambos os casos, a ação é entrar no carro e sair, mas as motivações são bem diferentes. De que tamanho deve ser a motivação que estimula a ação "afastando-se de", quão grave é a situação de que ela nasce? Não é muito mais natural sentir-se atraído pela perspectiva positiva que impulsiona a ação "em direção a"?

Vamos pegar um caso mais concreto: um empresário que quer melhorar o desempenho da sua empresa. Será relativamente fácil motivá-lo a agir se as medidas pretendidas forem finalizadas em objetivos positivos. Por exemplo: "Vou investir em pesquisas para ter produtos mais competitivos"; "vou gratificar os meus funcionários para melhorar a produtividade deles no trabalho" e assim por diante. Se no entanto eu confiar em objetivos "negativos", ou seja, eu abro o campo para "medos" como "evitar as falências" ou então "olhe para a crise!" será muito mais difícil conseguir desencadear mecanismos virtuosos. Na verdade, há o risco de estabelecer-se em perigo de imobilidade, temendo que qualquer escolha possa ser um bumerangue.

Ao lado de quem tem um caráter marcante "em direção a" ou "afastando-se de", existem obviamente, pessoas que, enquanto se inclinam para um dos dois extremos, equilibram esses dois componentes. Pessoas que sabem bem o que querem, mas têm sempre em mente o que querem evitar.

2. Filtro de motivação ou operadores modais
Diz se a pessoa olha mais as possibilidades ou as necessidades. Se for mais estimulado pela oportunidade de fazer algo ou ter que fazê-lo. Que tipo de pergunta fazer para destacar esta característica? A mais simples e óbvia: "Por que você fez isso?" A resposta será: "Porque eu queria fazê-lo" ou "porque era isso que tinha que ser feito".

Quem age de acordo com o metaprograma de possibilidades é uma pessoa acostumada a responder primeiro aos seus desejos, inclinada a buscar sempre novas maneiras de obter o que deseja. Então tem necessidade de se sentir o dono das suas próprias escolhas, e é por isso que você precisa alavancá-las para motivá-la. Banalmente, se quiser obter algo dessa pessoa, você terá que colocar nestes termos: "Eu precisaria que você fizesse isso"; "você prefere fazer isso agora ou à tarde?". Outra estratégia útil é a lisonja — "Eu realmente preciso de você porque você é a melhor pessoa e a mais capaz à disposição. Me ajude?" —, o que aumenta a motivação para dar a própria contribuição pela ilusão de poder negar (mesmo quando é claro que essa segunda possibilidade não existe de fato).

Um indivíduo movido pela necessidade vive ao invés disso como em uma espécie de jangada que se faz transportar pela corrente. Não lhe interessa saber por que precisa fazer algo, apenas ter certeza de que uma certa tarefa deve ser feita, e ele a fará; é animado pelo senso do dever, e o fato de que para ele venha atribuída uma tarefa, com um prazo, é o suficiente para o automotivar a completar o trabalho.

Também neste caso existe um tipo intermediário de indivíduos que oscilam entre os dois extremos: são aquelas pessoas que geralmente querem uma possibilidade de escolha, mas ao mesmo tempo directivas precisas, ou seja, gostam de saber de alguém o que fazer, mas, em seguida, decidir por si mesmos como fazer isso.

3. Filtro do quadro de referência
Este metaprograma diz respeito às avaliações que cada um de nós processa sobre si e suas próprias ações. Isso nos diz se essas ocorrem internamente, sob a forma de autoavaliação, ou então se eles dependem de opiniões e *feedback* externos. Emergem graças a perguntas: "Como você sabe quando fez um bom trabalho? Você decide ou outra pessoa tem que dizer?".

Quando a referência é interna, a resposta será: "Eu sei que fiz bem" ou "eu sinto quando um trabalho está bem feito". É a própria pessoa que decide se está fazendo o melhor: uma atitude típica dos empresários e daqueles que têm papéis de liderança, pessoas acostumadas a se autojulgar. Se em tudo em tais papéis esse comportamento é efetivo, é difícil gerenciar quando pertence a funcionários ou colaboradores, cujo medidor de julgamento não necessariamente coincidirá com o do chefe.

Por outro lado, aqueles que tem um quadro de referência externa responderão que são os outros a avaliar a qualidade de seu trabalho, ou que "falam os fatos", os resultados tangíveis. Essas pessoas estão sempre aguardando confirmação do mundo exterior e estão interessadas em saber como os outros as julgam. São pessoas mais fáceis de gerenciar em uma relação de trabalho subordinada, mas precisam de segurança e encorajamento contínuos.

Obviamente, existem variantes intermediárias desses quadros de referência. Os "equilibrados" têm uma boa capacidade de autojulgamento, mas também o prazer de receber *feedback* externo; são pessoas que podem trabalhar de forma autônoma, sem indicação ou gratificação contínua pelos superiores, mas ao mesmo tempo conscientes de seus próprios limites e capazes de aceitar o julgamento dos outros. Há também aqueles que têm um quadro interno com um controle externo: aqueles que responderão à pergunta inicial: "Parece-me que o trabalho foi bem feito, e o que você acha?". Mesmo muito confiantes sobre si mesmas, essas pessoas ouvem as avaliações dos outros e, quando coletam diferentes opiniões opostas às suas, são capazes de questionar o autojulgamento inicial. Simétrico é o caso de um quadro externo com verificação interna, daqueles que preferem confiar no *feedback* dos outros, mas ainda reservam seu próprio espaço de avaliação.

O objetivo do coaching com respeito a este metaprograma é levar o cliente o mais perto possível do ponto de equilíbrio, pois a expressão mais efetiva do potencial ocorre quando conseguimos equilibrar as nossas impressões pessoais com o que coletamos dos outros, sem que um dos dois componentes prevaleça e nos dê muitas limitações.

4. Filtros de persuasão

Eles nos ajudam a entender de que maneira a pessoa se convence de determinada coisa, e quantas vezes ela tem que repetir uma ação para considerar ter entendido (por exemplo, quantas vezes ela deve ler um livro para ter certeza de que conhece o conteúdo).

O quarto metaprograma, em particular, é o "sistema representacional de persuasão", e serve para definir o "método" pelo qual avaliamos a adequação das ações: se "vemos", "ouvimos" pelo canal auditivo ou então ouvimos no sentido cinestésico. À pergunta: "Como você sabe se o seu empregado é bom no que ele faz?", a resposta poderá ser: "Eu vejo os resultados", ou então "eu ouço o que os colegas dizem sobre ele", ou ainda "eu sinto a sua paixão quando me apresenta os projetos".

O quinto metaprograma é a "demonstração da persuasão", ou seja, quantas vezes uma pessoa deve demonstrar fazer um bom trabalho antes de que me convença. Temos quatro tipologias possíveis de resposta.

- Automática: começamos por uma pressuposição positiva, isto é, presumimos que os outros fazem um bom trabalho, a menos que para nós seja demonstrado o contrário. Em suma,

acreditamos que o trabalho é apropriado, até encontrarmos nas nossas mãos um verdadeiro desastre.
- Algumas vezes: temos a necessidade de uma verificação repetida. Só depois de ver a mesma pessoa realizar com sucesso determinada tarefa várias vezes nos convenceremos de que ela seja capaz de fazê-lo.
- Um período de tempo: aqui não olhamos muito para o número de prestações positivas, mas sim o período de tempo. "Se por seis meses Fulano concluiu de maneira positiva os projetos que dei a ele, então quer dizer que ele é bom."
- Constante: precisamos de evidências contínuas, estamos constantemente em dúvida e todas as vezes queremos que seja demonstrado como fazer o trabalho da maneira correta.

Este filtro é particularmente importante na prática do coaching, porque saber o que fazer para convencer quem está na nossa frente da qualidade do nosso trabalho é uma ferramenta fundamental para construir o percurso de mudança.

5. Filtro de direção da gestão

Este filtro, predominantemente orientado para o mundo do trabalho, é, no entanto, muito útil tanto na família como na área pessoal, porque nos diz o quanto uma pessoa quer gerenciar os outros e quão adequado é para realizar essa tarefa tanto de si quanto daqueles que os cercam.

As "perguntas reveladoras" neste caso são três: "Você sabe o que você precisa fazer para aumentar as suas possibilidades de sucesso?", "você sabe como os outros podem melhorar as possibilidades deles?", "você acha fácil ou difícil dizer isso aos outros?". A primeira pergunta nos ajuda a entender o quanto e como a pessoa sabe como lidar com ela mesma, a segunda se refere à perspectiva que tem sobre os outros e com a terceira descobrimos se — no caso em que ela se torne apta para o papel — ela está disposta a se propor para os outros como um guia.

Também nesse caso temos quatro tipologias possíveis:

- Eles mesmos e os outros: as três perguntas recebem três respostas afirmativas e válidas. Estamos diante de bons gerentes, chefes do pessoal, líder de uma equipe de trabalho ou esportiva, perfeitos "chefes de família". São pessoas que sabem o que devem fazer, mas também o que as outras pessoas devem fazer, e estão prontas para explicar.
- Apenas eles mesmos: a resposta é positiva para a primeira pergunta, negativa para a segunda. Essas pessoas não são aptas para assumir papéis executivos, porque sabem como lidar com as próprias tarefas, mas não são capazes de servir de guia para outras pessoas.
- Só os outros: é a situação oposta; são pessoas que não sentem que podem lidar com seu papel de forma autônoma, mas estranhamente pensam que podem ser de ajuda para os outros. Mesmo neste caso, os papéis de liderança não são recomendados, porque uma pessoa desse tipo precisa ouvir de um terceiro como operar.
- Eles mesmos, mas não os outros: aqui nos encontramos diante de pessoas capazes de administrar a si mesmos e de orientar o trabalho dos outros, mas não inclinados a assumir um papel de liderança. Na verdade, eles seriam mais do que adequados a um papel de diretor, porém se esquivam da responsabilidade de fazer os outros trabalharem ao máximo graças aos seus próprios conselhos: eles, portanto, se tornariam diretores ineficazes. Uma atitude que pode ser resumida nesta frase: "Eu não pretendo dizer aos outros o que eles devem fazer, porque espero que eles saibam fazer sozinhos".

Todos esses filtros, como antecipado, podem ser aplicados muito bem, além da área profissional, também na vida privada ou no mundo do esporte.

6. Filtro de ação

É necessário para entender quanta "carga", quanta determinação uma pessoa vai colocar em prática para alcançar os seus objetivos, e também a sua velocidade de reação aos estímulos. A pergunta pode ser formulada nestes termos: "Quando você precisa tomar uma decisão você o faz rapidamente ou analisa com calma todas as possibilidades e as consequências antes de escolher e agir?".

Aqui estão as possíveis declinações do metaprograma:
- Ativo: são as pessoas que são super "carregadas", muito na "causa" da sua própria vida; o seu mundo é governado por ação, e para obter o que eles querem estão dispostos a ativar qualquer meio.
- Pensativo: é a atitude oposta, daqueles que sentem e medem por um longo período de tempo todas as possíveis implicações de uma escolha. Poderíamos associar essa opção à imagem do filósofo fechado no seu quarto para refletir sobre o sentido da existência. Ele age só no momento que ele é realmente obrigado a fazê-lo, e está convencido de que as coisas acontecem de uma maneira que é amplamente independente de sua vontade.
- Ambos: são aqueles que estão em equilíbrio entre os dois sistemas anteriores: em seus objetivos há uma forte energia, mas ao mesmo tempo eles estão acostumados a avaliar com atenção as consequências e as possíveis interferências no caminho que leva ao objetivo.
- Inativo: se trata da atitude de apatia total que, infelizmente, caracteriza alguns indivíduos, incapazes de agir e desinteressados em pensar. Obviamente completamente indiferentes à possibilidade de mudar suas vidas.[8]

7. Filtro de associação
É muito importante quando nos encontramos administrando um grupo de pessoas: nos faz entender de qual maneira interagir com o grupo e quais funções atribuir às pessoas ao seu redor.

---

[8] Felizmente, se você está lendo este livro, não pertence a essa categoria! A escolha em si de ler e de se informar é um sinal de vitalidade e de querer pegar as coisas com as mãos!

A pergunta que podemos fazer é: "Diga um ambiente onde você se sentiu mais confortável e um evento preciso, um projeto de trabalho em que você fez o melhor?".

Nesse caso, as tipologias de resposta são três:
- Jogador livre: prefere trabalhar sozinho, ter controle total sobre o projeto inteiro e completar as coisas de forma autônoma. Claramente faz menos se forçado a trabalhar em equipe.
- Jogador de equipe: ama se sentir parte de uma equipe, e espera que suas gratificações venham da parte do time. É um tipo de pessoa que faria de tudo para garantir o sucesso da sua equipe. Como consequência, não é aconselhável designá-lo a um papel independente.
- Jogador diretor: deseja fazer parte da equipe, mas ainda tem um espaço de autonomia. Ele ama dizer "nós trabalhamos bem em equipe, eu vou lidar com...", ou seja, joga com e para a equipe, mas no seu próprio papel. Não obrigatoriamente esse desejo de autonomia se traduz em um desejo de liderança.

8. Filtro de preferência de trabalho

Avalie se uma pessoa, no trabalho, prefere ter que lidar com coisas, sistemas ou outras pessoas.
- Coisas: obviamente se trata daqueles que preferem lidar com objetos; montar, desmontar, reparar. Em primeiro lugar, os técnicos.
- Sistemas: são indivíduos que olham para o trabalho de uma perspectiva sistêmica, ou seja, veem um cenário único sobre o qual se apodera a interação entre pessoas e coisas. Muitas vezes é uma característica de especialistas em gestão e de consultores.
- Pessoas: é quem prefere contato com pessoas, a relação com os outros. Como vendedores, recepcionistas e diretores de recursos humanos.

9. Filtro de interesse primário

Revela-nos o interesse principal de uma pessoa em uma determinada situação. Há aqueles que estão mais focados em outras pessoas, que estão mais focados em lugares, outros em os objetos, outros ainda em algum tipo de atividade ou em informações. Por exemplo, à pergunta "Por que aquele é o seu bar favorito?", alguém responderá que é porque ali trabalha seu amigo; outros, porque aquele bar tem o ambiente mais acolhedor; outros, porque nesse bar tem os pratos mais gostosos.

Obviamente, o interesse primário muda de acordo com o contexto, então as perguntas para destacá-lo sempre devem se referir ao âmbito especifico que pretendemos aprofundar.

"Diga-me uma das suas experiências de trabalho favoritas" ou "O que você gosta da sua cidade?".

Se queremos permanecer mais vagos, podemos formular um tal pedido: "Diga-me as cinco coisas mais bonitas que aconteceram com você na sua vida". Em seguida, serão cuidadosamente estudados, na resposta, os aspectos sobre os quais a pessoa coloca mais ênfase: com quem estava e como eles interagiram ou as características do lugar, ou o tipo de atividade que fez, ou a atmosfera geral, as propriedades dos objetos envolvidos etc. Tomamos por exemplo uma história sobre um jantar: eram mais importante as pessoas na mesa, a qualidade do serviço, a elegância do ambiente ou o refinamento do menu? Finalmente quem está interessado na informação, em "porquê". No trabalho, ele quer saber como se faz uma coisa, ele sente a necessidade de reunir muitos dados, e até mesmo no bar ele vai essencialmente para se manter atualizado sobre a vida dos amigos.

10. Filtro de tamanho de decomposição

É sobre o "tamanho" da informação que coletamos: se elas são mais micro, relacionadas no detalhe ou mais macro, úteis para transmitir um quadro geral.

A pergunta, neste caso, é muito direta: "Se tivéssemos que trabalhar juntos em um projeto, você preferiria que eu explicasse antes o quadro geral ou os detalhes sobre o que vamos fazer?".

Podemos individualizar quatro perfis:

- Específico: qualquer pessoa que exija todos os detalhes, em ordem cronológica. São pessoas muito focadas no particular, e pouco no objetivo final.
- Global: aqueles que olham quadro geral, para o objetivo final, enquanto acham os detalhes e as etapas intermediárias chatos. Essas pessoas se concentram sobre o significado em geral de sua atribuição atribuída e funcionam melhor quando estão em condições de delegar a outras pessoas a realização de pequenas partes individuais, mantendo um papel de coordenação para si.
- Do específico para o global: quem começa com os detalhes para construir o quadro geral.
- Do global ao específico: aqueles que observam o quadro geral para depois desenhar todos os detalhes.

11. Filtro de relação ou comparar/contrastar

Ele entra em jogo no processo de compreensão e decisão. Pode ser útil apresentá-lo usando-se uma experiência prática. Colocamos na mesa, na frente do nosso interlocutor, três moedas de um real, das quais duas com o lado com a cifra virado para cima e a última mostrando o lado oposto. Perguntamos então: "Qual é a relação entre essas moedas?". E observamos as várias reações possíveis. Quem responde pode fazer o seguinte:

- Por semelhanças: ele apenas observa os aspectos semelhantes, então ele dirá: "São todas moedas de um real". Quando se encontra em uma nova situação, esse tipo de pessoa tenta associá-la a algo que já experimentou. Ao fazê-lo, renuncia a uma enorme quantidade de informações porque está satisfeita com o dado principal, neste caso, o valor da moeda.
- Por semelhanças com exceções: à primeira vista ele vê que estas são três moedas iguais, mas vai perceber imediatamente que uma das três moedas está virada para o lado oposto das outras.
- Por semelhanças e diferenças na mesma medida: à primeira vista, observa que são do mesmo valor e que as moedas estão em diferente posições na mesa.

- Por diferenças com exceções: especular no passo 2, nota primeiro que uma moeda está virada em relação às outras, e ainda que são sempre moedas do mesmo valor.
- Por diferenças: ele se concentra apenas nas diferenças, por isso, além de ver que uma das moedas está virada para baixo, observa também que uma está mais desgastada, são de anos diferentes e assim por diante.

12. Reação ao estresse emocional

Serve, obviamente, para prever como uma pessoa irá reagir quando estiver sob estresse. Para a pergunta "Em qual momento da sua vida você estava particularmente com dificuldade?", três tipos de resposta seguirão:

- Dissociado: a pessoa se lembra do episódio com grande desapego, sem manifestar uma reação emocional. Isso significa que tem uma ótima resistência ao estresse e leva menos em conta a emoção.
- Associado: a pessoa se lembra e, portanto, relata o evento de uma maneira muito cinestésica, descrevendo todas as emoções como se estivesse revivendo aquele momento. Trata-se de um caráter emocional que requer proteção contra o estresse.
- Escolha: é um tipo de pessoa que acessa o canal cinestésico a cada passo quando conta; quando percebe que está na modalidade "associada", recupera voluntariamente o distanciamento e prossegue na narração. Isso significa que é alguém capaz de manter certo controle e, dependendo das circunstâncias, decide se deve reagir "com a cabeça" ou então deixar-se levar "pelo estômago".

13. Filtro do tempo

É dividido em três subcategorias:

a) Filtro de orientação do tempo

A primeira característica ligada ao tempo é onde colocamos a maior parte da atenção: sobre o presente, sobre o passado, sobre o futuro ou então vivemos o tempo como um conceito que não nos interessa?

As pessoas que se concentram sobre o passado estão muito ligadas às lembranças e à tradição; por exemplo, muitas vezes são assim os artistas, ou as pessoas que entram na terapia psicanalítica.

Um sujeito ligado ao presente vive de sensações, concentra-se na obtenção de resultados imediatamente, no fazer agora; este é o caso, por exemplo, de muitos esportistas.

Aqueles que têm o coração no futuro são os pensadores, os idealistas, são aqueles que estão à procura de novas ideias e perspectivas, com o desejo de prever o que acontecerá no futuro; em primeiro lugar, os filósofos.

Aqueles que são "intemporais" tendem a ver as coisas como se estivessem acontecendo fora do tempo, em uma dimensão neutra; os cientistas são muitas vezes assim.

b) Filtro de armazenamento de tempo

Nós já o tínhamos encontrado falando sobre a "linha do tempo", e distinguimos entre pessoas que se organizam "no tempo" e aqueles que organizam "através do tempo". Veja, portanto, o que foi escrito no capítulo anterior.

c) Filtro de acesso ao tempo

Trata-se das estratégias de acesso às nossas lembranças.

Alguns têm acesso casual, ou seja, podem se mover facilmente entre passado e presente, como se estivessem se movendo ao longo de um plano liso e sem obstáculos; podem passar de uma ocorrência muito longe para uma mais próxima no tempo, revivendo-as até ao mesmo tempo.

Há aqueles que têm um acesso sequencial no tempo: para recuperar uma lembrança parte do aqui e agora, então vai para trás até que ele não "alcance". São pessoas que tendem a viver "no tempo".

14. Sequência de operadores modais

Os operadores modais, em termos lógicos, são aqueles que nos fazem ver se estamos falando de uma possibilidade ou necessidade. Eles estão ligados ao filtro de motivação. A sequência modal é o conjunto de afirmações que uma pessoa processa para se motivar a fazer as coisas; se conseguirmos decodificá-las, entenderemos quais verbos modais servem para motivá-la ao melhor.

Por exemplo, para eu me motivar a escrever este livro, eu poderia dizer para mim mesmo: "Devo escrever o livro, é possível e posso concluí-lo em breve" ou então "Tenho que escrever o livro, vou tentar concluí-lo brevemente": existem dois métodos completamente diferentes. Algumas pessoas se sentem mais motivadas pela possibilidade, outras pela necessidade de fazer alguma coisa. Cada um, consequentemente, cria a própria série de operadores modais: não existem padrões.

15. A direção da atenção

Estamos diante de um dos mais complexos metaprogramas: é sobre como mostramos para outra pessoa quanto é importante o relacionamento que temos com ela, e o tipo de atenção que damos para os outros. É útil para entender se a pessoa que nós temos à nossa frente apresentou o nosso interesse para entrar em comunicação.

Há pessoas que apelam essencialmente para si mesmas, concentradas no seu próprio interior, nos próprios pensamentos e emoções. Às vezes, eles parecem quase completamente indiferentes ao mundo exterior. Quando falam com alguém em geral, nem sequer olham nos olhos do outro e não levam muito em conta o que ele diz.

Há, por outro lado, pessoas especialmente dirigidas aos demais, acostumadas a prestar muita atenção ao que está sendo dito e a filtrar todos os *inputs* por meio do relacionamento com outros indivíduos (as suas reflexões e considerações são baseadas nas reações que elas observam em terceiros ao invés de uma reelaboração autônoma). Essas pessoas comunicam efetivamente somente se receberem *feedbacks* contínuos dos outros.

Para descobrir como um indivíduo se coloca em relação a esse filtro, não existem perguntas efetivas, diretas ou indiretas. Baseia-se na observação cuidadosa de suas reações enquanto a outra pessoa fala: qual é o seu grau de interesse? Parece envolvido ou indiferente?

16. Filtro do objetivo

Ele nos diz que, quando se trata de alcançar os seus próprios objetivos, temos que perguntar a um perfeccionista até onde ele está disposto a pressionar para obter que quer. Existem duas atitudes básicas: tem aqueles que estão orientados para a busca do ideal e, portanto, estão destinados a uma insatisfação constante, e aqueles que visam otimizar, isto é, fazer o melhor possível com os meios disponíveis; o risco dessa segunda atitude é um excesso de autojustificação.

No âmbito do coaching, esse filtro nos permite prever que tipo de percurso terá o cliente a respeito dos objetivos desejados. Em geral, sabemos que os "perfeccionistas", além de estarem continuamente insatisfeitos, também são bastante lentos para conseguir o que querem. A busca da perfeição de fato retarda a ação, e faz parecer que nunca alcançaremos a nossa meta.

Quem, por outro lado, é um otimizador provavelmente terá menos empurrões para alcançar o objetivo.

17. Filtro de comparação

Como o nome sugere, descreve o tipo de comparação que uma pessoa usa para avaliar a qualidade das suas próprias ações. A pergunta a ser feita neste caso será: "Como você está fazendo o seu trabalho?".

A resposta pode ser do tipo quantitativa ("eu fiz 80%"), qualitativa ("muito bem") ou em comparação com "alguém ou alguma coisa", ou seja, em relação a si mesmo ou a outros ("pior do que o meu colega infelizmente" ou "no melhor das minhas capacidades").

18. *Filtro de conhecimento*
Serve para entender onde estou indo procurar os conhecimentos necessários para executar determinada tarefa: há aqueles que estudam na forma tradicional, há aqueles que procuram um tipo mais prático de demonstração (por exemplo, um vídeo tutorial), que se referem à experiência ("Eu vi isso feito por Fulano"), quem finalmente renuncia à autoridade ("O chefe me disse para fazer assim").

19. *Filtro de completamento*
Permite-nos entender se uma pessoa sente a necessidade de terminar o que começou ou não, ou seja, se ela se concentra principalmente na fase inicial, central ou final do projeto. Isso nos ajuda a atribuir um papel aos sujeitos envolvidos em um trabalho comum, com base no fato de que achamos melhor começar uma ideia, desenvolvê-la ou "fechar o círculo".

20. *Filtro de conclusão*
Está relacionado ao discurso sobre a resposta adaptativa. Ele nos diz o quanto é importante para a pessoa conhecer o final de uma história. Para exemplificar, pensamos em quem pode muito bem interromper um filme pela metade, mudando o canal, se o filme o chateia, e n aqueles que, ao contrário, permanecerão grudados em um programa enfadonho porque não conceituam a ideia de perder o final.

Os valores

O segundo filtro importante que entra em jogo na criação das nossas representações internas é constituído dos valores. Em comparação com os metaprogramas, eles caem pelo menos em parte na esfera da consciência, ainda que nem todos e nem sempre. Portanto, consistem em algo que está na metade do caminho entre o consciente e o inconsciente.

Como podemos defini-los? Os valores são aquela "alavanca" que nos empurra a perseguir determinados objetivos ou a escapar de determinadas situações. Como no caso do metaprograma "em direção a/afastando-se de", existem valores que nos encaminham "em direção a" alguma coisa, e valores que nos levam "afastando-nos de" outra coisa.

Em geral, o valor é uma exigência para satisfazer se estamos dispostos a colocar em campo todos os nossos recursos, para dar o máximo. Os valores são o motor de todos os nossos comportamentos, o que os determina e os administra. Eles representam a principal alavanca de escolha das nossas modalidades de ação; são a causa desencadeante das emoções; são aquilo que nos dá a paixão pelas coisas e, ao mesmo tempo, o critério com que formulamos os julgamentos — bem ou mal, certo ou errado, correto ou incorreto — sobre a realidade que nos circunda.

Como decidimos se uma certa ação é "boa" ou "ruim"? Quantas vezes nos encontramos a avaliar esse ou aquele aspecto do contexto em que vivemos? E não falo apenas de aspectos mais profundos e significativos: os valores nos levam a desenvolver opiniões sobre qualquer mínima coisa que acontece no nosso "raio de ação". Inclusive observações mais banais — por exemplo, "olhe como aquele vestido está..." — são filhas do conjunto de valores que nós amadurecemos com o tempo. Como é óbvio, os valores contribuem para nos dar uma imagem subjetiva da realidade, ou seja, eles desempenham um papel fundamental no processo de criação das representações internas que estamos aprendendo a conhecer.

Cada um de nós tem um sistema de valores diferente, que pode se aproximar em menor ou maior grau do sistema de valores das outras pessoas; pode até ser muito semelhante, mas nunca completamente igual. Além disso, os valores trazem consigo uma série de convicções, isto é, de ideias e conceitos que, naquele momento da nossa vida, achamos certos e irrefutáveis: aquilo em que "acreditamos".

A imagem que eu prefiro para explicar a relação entre valores e crenças é a da xícara. Pense em uma xícara de chá comum: ela representa um dos nossos valores. O líquido que despejamos dentro é uma convicção que se adapta espontaneamente à forma da xícara, e por isso poderia se comportar de outra forma. As nossas crenças sobre os mais diversos aspectos da existência são modeladas sobre o valor de referência, que usamos como medidor de julgamento. Somente mudando o valor em que nos inspiramos será possível modificar tais convicções, assim como apenas ao mudar a xícara será possível mudar a forma do líquido que eu coloco dentro.

Cada indivíduo cultiva em si mesmo diferentes valores, mas alguns pode-se dizer que são compartilhados por quase todos. Por exemplo, pensamos no valor da família, entre os mais universalmente reconhecidos. O que transmitimos de maneira pessoal são as convicções que construímos em torno disso, ou seja, a bebida que escolhemos colocar naquela xícara. Algumas pessoas preferem o chá, outros o cappuccino; quem acredita na família tradicional fundada sobre o casamento entre um homem e uma mulher e quem está aberto a diferentes modelos familiares, como o núcleo alargado fruto de sucessivas uniões ou as famílias homossexuais. A família não tem as mesmas características para todos: a partir do mesmo valor, cada um estrutura as suas próprias convicções; cada um coloca na xícara a bebida de que mais gosta e a quantidade que deseja.

Os valores são, como dissemos, principalmente inconscientes. Eles também são geralmente muito estáveis, ou seja, é difícil que mudem radicalmente ao longo da vida. No máximo acontece que eles enfrentem processos de evolução muito graduais. O que, por sua vez, pode mudar mais vezes, e de forma bastante rápida, são as convicções associadas aos valores individuais.

Como dissemos desde o início, no âmbito da PNL não perguntamos nunca o "porquê", mas interrogamos sempre sobre o "como". Existe, no entanto, uma exceção, que diz respeito ao sistema de valores. Em um processo de coaching, quando abordamos o discurso sobre os valores, é necessário se perguntar alguns "porquês".

Os valores que o indivíduo reconhece não são todos equivalentes, mas parecem organizados em uma espécie de "*ranking*", do mais importante até o menos importante. Esta organização está sujeita a mudanças ao longo da vida, pode variar com a idade e as circunstâncias, algo que antes nos parecia uma prioridade dando lugar a outros, sem ser cancelado, mas simplesmente indo ocupar um lugar mais para trás do *ranking*. Pode acontecer que pareçamos ter abandonado ou alterado um dos nossos valores, quando o que mudou foram apenas as crenças relacionadas a esse valor, ou então a sua posição no interior do sistema. Diante de uma observação desse gênero: "Meu marido não é mais aquele de um tempo, antes ele pensava apenas na família, agora só no trabalho", podemos facilmente deduzir que esse homem em questão fez subir na sua própria hierarquia o valor do trabalho. Isso não significa que as necessidades de sua família não são mais prioridade, mas simplesmente que nesse período de existência está investindo mais em sua carreira profissional.

Compreender o sistema de valores do indivíduo é um passo crucial no coaching porque é parte daquilo que as pessoas acham que são as motivações para seguir o próprio propósito e atingir os próprios objetivos. Os valores são, portanto, um dos instrumentos mais importantes para estruturar qualquer intervenção de coaching e percurso de crescimento pessoal.

O primeiro passo consiste em decifrar o que chamamos de "classificação" dos valores, e entender quais nos levam "em direção a" e quais "afastando-nos de". No primeiro lugar do *ranking* devemos sempre colocar um valor "em direção a", que se transforma em uma forte alavanca para agir. E se percebemos ter um valor do tipo "afastando-se de" no topo da nossa hierarquia? Graças ao coaching, é possível substituir aquele valor em uma análise, mas de natureza positiva, ou seja, orientado "em direção a". Desta forma, se obtém uma visão mais clara das próprias expectativas, e se torna mais simples transmitir a nossa energia para o que é realmente importante para nós.

Como os valores que nos acompanham ao longo das nossas vidas são formados dentro de nós? Alguns absorvemos das pessoas mais próximas de nós no período do *"imprinting"*, isto é, no início da infância, por um processo totalmente inconsciente. O segundo passo acontece na idade da "modelagem", por volta dos 8 aos 13 anos, quando a criança começa a imitar o que ela vê os adultos fazendo, seja em nível consciente ou inconsciente. Finalmente, há o período da "socialização", que geralmente varia dos 14 aos 21 anos, o período em que as relações sociais decolam, as amizades são consolidadas e muitas vezes se ligam a "grupos": também nessa fase aprendemos de maneira automática alguns valores que pertencem às pessoas com as quais entramos em contato. Todos esses valores acumulados durante o crescimento são aqueles que vamos levar próximos do arco da nossa inteira existência, a não ser que intervenham fatores externos que podem determinar uma "virada" pessoal inesperada: pode se tratar de uma intervenção voluntária, por meio de técnicas específicas, ou até mesmo de eventos traumáticos.

Dinâmica da espiral®

Uma das melhores e mais profundas pesquisas sobre o tema dos valores se deve a Clare W. Graves, professor de psicologia da Universidade de Nova York. Graves pretendia inicialmente comprovar a validade da teoria sobre a "pirâmide de valores" formulada pelo seu amigo e colega Maslow. No entanto, aprofundando os estudos nesta matéria, ele chegou de fato a elaborar uma nova e original visão.[9] Uma curiosidade: dizem que Maslow, em fim de vida, admitiu que a teoria de Graves era mais correta do que a sua.

---

9 Um texto-chave é: *Clare W. Graves: levels of human existence*, que, com o *Journal of Humanistic Psychology*, contém a bibliografia básica dos estudos do Dr. Graves. Infelizmente, esses textos nunca foram traduzidos para o português. Até hoje, não existe um texto de referência em língua portuguesa sobre as teorias de Graves. Quem estiver interessado em aprofundar os seus fascinantes estudos terá que obter os volumes na sua língua original.

Vamos dar um passo naquela época. Maslow teorizou um sistema piramidal, onde na base se encontravam as necessidades fisiológicas — os primeiros "valores" a se estabelecerem na história do homem — e, em seguida, aqueles relacionados à esfera da segurança, à esfera afetiva, e ao desejo de ganhar respeito e outras formas de realização pessoal. No topo da pirâmide estava o homem moderno, com todos os seus valores complexos e articulados. A principal crítica de Graves diz respeito à estática do modelo: o ser humano é sujeito em constante evolução, e não se pode pensar que o valia para pessoas em épocas passadas seja ainda agora tudo verdade. É por isso que, na sua leitura, o sistema de valores é um eixo mais flexível, livre de limitações hierárquicas.

Um dos escritos principais de Graves, *The Never Ending Quest* ("A pesquisa sem fim"), como já delineia o título, sugere que não possa existir um modelo "definitivo" das escadas de valores, uma vez que estão sujeitos à variação das exigências humanas com base no contexto socio-histórico.

Graves fala de uma escada de valores em que cada "degrau" não é melhor do que o anterior, mas simplesmente contém no seu interior o sistema que está na frente, sem fornecer um julgamento de mérito.

A teoria de Graves parte da afirmação de que o mundo exterior condiciona inevitavelmente e de maneira substancial os valores das pessoas; não existem então valores melhores ou piores, apenas valores mais ou menos adequados ao contexto que nos circunda. Ele descreve sete escalas de valores. Embora novos estudos tenham levado em seguida um aumento desse número, nesta breve descrição vou parar nos sete elementos originais.

Vamos vê-los juntos.

1. Nível da sobrevivência: nesta fase, o objetivo principal da pessoa é se nutrir, se reproduzir e, em geral, e cumprir as funções primárias da vida. Podemos imaginar isso como o sistema que

se firma nos primeiros estágios da aventura humana, quando o ser humano inicia a sua evolução e a sua luta pela sobrevivência. Hoje dificilmente as pessoas param nesse nível. A sociedade é muito mais complexa, e a mera "sobrevivência" não é mais o principal objetivo de um homem que amadureceu exigências mais "sofisticadas". No entanto, os valores relacionados à satisfação das necessidades básicas e à preservação da vida como tal permanecem válidos, inclusive nos níveis sucessivos.

2. Nível tribal: afirma-se quando o homem entende que as chances de sobrevivência são maiores no interior de um grupo, porque com a colaboração entre os indivíduos obtemos condições de vida mais estáveis e seguras para todos. A partir dessa passagem vem o conceito de sacrifício: eu me sacrifico pelo bem do meu grupo, e em particular para responder aos desejos de quem o guia. Dentro desse sistema de valores, o papel do líder assume uma grande importância, como chefe, e surgem figuras como o xamã, ligadas à dimensão da magia, da superstição, das primeiras formas de religiosidade (crença nos espíritos e em algo "sobrenatural"). O líder da tribo orienta o grupo e busca o favor de entidades "superiores"; os indivíduos singulares obedecem a sua vontade porque para essa função de mediação com o "divino" eles reconhecem o potência e o "saber". Nesse contexto, é implementado um sistema de valores que o coloca no centro o grupo: o objetivo do indivíduo é contribuir para o bem-estar e a segurança da tribo, e estar bem integrado dentro dela.

3. Nível da autoafirmação: estando na condição de ter que se defender de outros grupos dos seres humanos, o sujeito sente o desejo de se tornar o próprio líder. Ele quer ser aquele que vence a guerra contra a tribo inimiga, e se tornar o chefe. Este é um degrau em que emerge a necessidade de expressar a si mesmo; os outros perdem a sua importância porque têm menos o mito da tribo e do chefe considerado como pessoa mais velha ou capaz de mediar com o sobrenatural. Agora é a "lei dos mais fortes": um homem apenas comanda, porque ele é mais poderoso do que outros e os submete. Hoje, por exemplo, esse sistema de valores pode ser atribuído às gangues de rua, onde o líder é o mais forte do grupo e todos estão constantemente lutando pela liderança, e em risco de vida. Nesse nível, ninguém tem nada para ensinar ao líder, que sente que não precisa dos outros. A relação conhecimento/poder é derrubada: o conhecimento não é mais uma fonte de prestígio e poder, mas a força que se transforma em persuasão. Ele detém a verdade para aqueles que comanda.

4. Nível de regras e da fé, chamado "o sistema": todas as religiões fazem parte desse nível. Quem se coloca sobre este degrau da escada coloca em primeiro lugar a "salvação" eterna. Está, portanto, pronto para se sacrificar na vida para obter essa recompensa ultraterrena. Uma passagem precedente do nível anterior para este pode ser o fruto de um fracasso e de uma punição: a luta pela conquista da liderança ganhou um resultado dramático, e o sujeito se convence de que há algo acima dele, uma ordem e as regras às quais se sujeitar. Esse nível não está exclusivamente relacionado à dimensão religiosa: mesmo em um contexto profissional, podemos encontrar sujeitos que façam uma "ação de fé" em respeito a um sistema de regras. Pensamos na disciplina extrema com que algumas pessoas esperam no próprio trabalho: funcionários que timbram o cartão com precisão horária e absoluta e que sempre realizam as suas tarefas (nada mais, nada menos), respeitando escrupulosamente cada diretiva (de modo que, aos seus olhos, quem fuma um cigarro no escritório é quase um criminoso…). Aqueles que escolhem esse nível da escada sentem a necessidade de leis, códigos, prescrições. A sua maior recompensa é se sentir um exemplo na frente dos outros porque ele fez melhor do que outros o que todos deveriam fazer. Não questiona as regras, sejam elas os "dez mandamentos" ou simples diretrizes de negócios. O que acontece quando uma pessoa

similar percebe que ele foi "o funcionário do mês" e não deu os resultados esperados, e esse tipo de realização já não é suficiente para ele? Ou quando ele descobre que dentro da sua "igreja" aqueles que celebram os "textos sagrados" são os primeiros a violar as leis? Inicia-se a ativação do quinto nível, uma expressão de si mesmo focada sobre as recompensas materiais.

5. Nível empreendedor, materialista: este sistema é compartilhado por empresários, homens de negócios e os "vendedores" mais talentosos. As pessoas para quem o objetivo principal é o ganho, e mesmo quando manifestam comportamentos aparentemente frívolos — como a compra de um carro de edição limitada — têm um projeto muito específico em sua cabeça (que nesse caso poderia reafirmar seu prestígio na frente do grupo). Quem se posiciona neste nível não quer impor pela força e reconhece a existência de regras, mas sabe muito bem como dar a volta, se for funcional para seus objetivos. Os materialistas "extremos" fingem respeitar as regras para obter o que querem: riqueza material, poder, e a possibilidade de emergir e se destacar da massa por meio da ostentação de objetos que são símbolos de *status*. Uma expressão que melhor os representa é "se eu quiser algo, eu pego". Trata-se de pessoas que são suficientemente inteligentes, capazes de perseguir seus objetivos beirando a linha da legalidade, mas de formas aparentemente aceitáveis, mantendo-se longe dos problemas. Convencidos de que o mais importante na vida é o dinheiro, esses indivíduos dedicam pouca energia a relacionamentos interpessoais e tentam conquistar o carinho dos outros com presentes caros.

O que pode custar essa maneira de viver? É possível que, em certo momento, um indivíduo sobre esse nível, tendo percebido que fez com que todos não valessem nada ao seu redor para dedicar-se exclusivamente à expressão de si, sente a necessidade que está na base do sexto nível: a necessidade de ser amado e apreciado pelos outros.

6. Nível de julgamento: coloca no centro o amor ao próximo e à humanidade como um todo. O amor é experimentado como um tipo de contato cinestésico com pessoas, especialmente aqueles que chegam a esse nível após um período no nível cinco, onde esse contato falhou completamente. Manifesta-se a necessidade de "abraços", de ter alguém do lado que nos entenda, para nos expressarmos em uma sociedade feita de seres humanos de igual dignidade. Pessoalmente, considero esse nível de valor muito engraçado porque é aqui que começa o conceito do "não julgo": eu devo amar todos indiscriminadamente, devo abraçar a humanidade inteira mesmo que este seja o estágio onde o julgamento está mais presente, pelo menos como uma resposta às avaliações e maneiras de estarem muito distantes dos seus. Um exemplo podem ser os ativistas pelos animais, que amam loucamente os animais e, portanto, acusam os que possuem um casaco de pele. Ao olhar bem para este sistema, é um dos mais julgadores, uma vez que só salva aqueles que compartilham exatamente os mesmos valores.

Deste ponto em diante, Graves afirma que se realiza um "salto quântico", ou seja, existe uma imensa diferença entre os primeiros seis níveis e o sétimo.

7. Nível existencial: o homem completou uma evolução percorrendo vários níveis e, a partir do sétimo, iniciará uma série completamente diferente porque já resolveu o grande enigma da convivência com os outros. Agora ele sabe que é diferente dos outros animais porque é capaz de ter uma visão global da natureza, da vida e dos comportamentos, e ele próprio causa as mudanças da sociedade. A esse degrau se chega resolvendo os conflitos internos e abandonando as emoções negativas (ou seja, com esse tipo de percurso, parece óbvio dizer, que se aborda pelo coaching). A pessoa agora é capaz de reconhecer as dicotomias que se apresentam à sua frente, aceitá-las e olhar além; em vez de julgamentos sobre o que é "certo" ou "errado", de "se faz assim" ou "assado", começa a surgir a pergunta: "De que outras maneiras podemos fazer?". Aqueles que alcançaram esse nível de consciência são capazes de trabalhar sobre si mesmos, de modificar rapidamente os próprios valores e a sua ordem hierárquica. Graves acrescenta que neste ponto as pessoas têm menos necessidade de se identificar com uma forma de religião.

Tudo o que está ligado aos níveis anteriores permanece válido e é levado um passo adiante: a pessoa vai saber circular livremente ao longo das diferentes escadas de valores com base em sua eficácia em relação à situação externa. Claramente existem poucas centenas dessas pessoas excepcionais hoje no mundo e, considerando quantos bilhões somos, eu diria que ainda são quase inexistentes. Não acredite que ser um nível sete seja fácil ou agradável: é uma das piores coisas da vida. De fato, são considerados loucos, desfavorecidos e nunca se sentirão apreciados e entendidos.

Tudo isso porque, se o nosso nível de valores é o sétimo, significa que já passamos pelos antecedentes e agora fizemos um salto quântico. Graves sustentava que nesse nível as dicotomias (certo-errado, forte-fraco etc.) e religiões desapareceriam, dizemos que esses fatores certamente deixarão as pessoas com esse sistema de valores marginalizados pela sociedade precisamente porque a própria sociedade ainda não é em capaz de compreendê-lo.

É importante entender que as escadas de valores retratadas por Graves não representam um método para a "nidificação" dos indivíduos. Cada um de nós se move por diferentes escadas, dependendo das circunstâncias. Por exemplo, uma pessoa que em geral é bem representada no nível 6, provavelmente dependerá do nível 5 no campo de trabalho: influenciado pelo que acontece do lado de fora, cada um de nós se move entre um degrau e o outro, utilizando a referência que parece mais útil naquele momento. Uma pessoa que está no nível 6 não é "melhor" do que uma pessoa no nível 5 e não é "pior" do que alguém que alcançou o 7; em uma situação de perigo extremo, por exemplo, avançar rapidamente para o nível 3 pode nos ajudar a salvar a nossa vida...

No coaching, de que maneira entram em jogo as escadas de valores? Quando entramos em contato com uma pessoa para acompanhá-la em um percurso de crescimento, é como se começássemos a cavar um buraco em busca de petróleo: se cavamos em um ponto onde não tem petróleo, podemos trabalhar por anos, mas não o acharemos nunca. Os valores, portanto, nos servem para escavar o terreno, para realizar uma espécie de "retirada do núcleo". Eles são o instrumento que indica onde o petróleo está escondido, para que possamos intervir imediatamente onde é necessário, com eficiência e sem perda de tempo. Se estou convencido de que o cliente está no nível 3, abordarei a intervenção sobre aquele tipo de personalidade e de situação; mas se minha avaliação se revelar errada e o nível de referência real for o quinto, terá sido um trabalho inútil, um buraco em uma terra estéril.

O mesmo acontece com aqueles que querem enfrentar um percurso de desenvolvimento pessoal. A teoria de Graves fornece as ferramentas necessárias para conhecermos melhor a nós mesmos e o contexto em que vivemos, um pré-requisito indispensável para atuar qualquer mudança.

Nós falamos sobre o que é o coaching e quais os resultados que deveríamos produzir. Analisamos os instrumentos que o coaching utiliza para ler as situações e intervir sobre elas gerando mudança. Agora vamos entender como essa mudança funciona.

Há uma série de modelos a este respeito e, na minha formação internacional, pude avaliar vários deles. Aquele que me pareceu mais interessante e eficaz e, portanto, apresento nestas páginas, é chamado de "modelo de mudança universal". Um modelo que, como o nome sugere, supõe-se válido universalmente, para cada um de nós. Começa com a ideia de que não crescemos em linha reta do ponto X para o ponto Y, mas que atravessamos fases, como em uma espécie de esquema.

Modelo de mudança universal

No ponto inicial "A", nossa "caixa de ferramentas" nos fornece todos os instrumentos úteis para viver naquele determinado contexto, em paz e sem dificuldades insuperáveis, alcançando os resultados que determinamos. Esta existência serena, no entanto, nos levará com o tempo, quase inevitavelmente, até um ponto "B", onde começaremos a ver que algo está mudando e que nossas ferramentas não são mais suficientes para gerenciarem a situação. Então veremos agora na distância um precipício, em que um evento repentino nos fará precipitar. Não seremos capazes de ultrapassar a lacuna, mas cairemos em queda livre até o ponto "C", assim como significa a expressão evocativa de "chegar ao fundo do poço". Quando as pessoas se encontram nessa condição, elas geralmente procuram de todas as maneiras e com todos os meios voltar à superfície, esperando que seja possível se reposicionar no ponto inicial, onde tudo estava indo muito bem. Mas é como enfrentar uma parede vertical sem qualquer ferramenta, ou tentar inutilmente "voltar para trás". A situação "A" de fato não está mais disponível: As coisas mudaram, sob a influência de fatores externos e/ou internos. Não é sensato esperar voltar naquele momento, obliterado por mudanças irreversíveis e novos desafios. Mas também não é útil, como alguns fazem, resignar-se a permanecer no ponto "C".

"C" é aquele momento da vida que geralmente descrevemos com expressões como "não vejo a luz no fim do túnel", ou então "eu não vou conseguir nunca". Poderíamos defini-lo como o colapso definitivo da esperança quando não conseguimos achar nem mesmo um motivo para olhar para a frente, e parece que a nossa caixa de ferramentas está desprovida de tudo. O que acontece nessas situações? Cada um, a seu próprio tempo, finalmente encontra novas ferramentas, novas formas de ação para lidar com o contexto que assim mudou.

Citando Einstein: "Você não pode resolver um problema no mesmo nível em que o problema foi criado". O que isso significa? Isso é totalmente contraproducente querer voltar ao ponto "B", aquele do qual nós tínhamos precipitado pela primeira vez e a partir do qual, admitindo que pudéssemos voltar, quase certamente cairíamos novamente. Aquilo que temos que fazer é encontrar novos instrumentos, novas possibilidades que nos permitam percorrer a lacuna no lado oposto de onde estávamos e chegar ao ponto que chamaremos de "A1". Esta posição no modelo se encontra mais acima em relação ao "A" inicial; uma vez que chegarmos, de fato teremos mais recursos do que antes e, assim como antes, estaremos tranquilos e confiantes, felizes de ver que os nossos novos instrumentos se encaixam perfeitamente no contexto atual. Acima de tudo, teremos crescido em comparação com como estávamos antes de experimentar a queda. A partir desta posição "elevada", poderemos resolver facilmente o problema que nos tinha colocado em dificuldade, pelo menos até surgir um problema "B1" subsequente para colocar o sistema em crise novamente e nos deixar ver distante um outro precipício. Mais uma vez, isso servirá para atualizar nossos meios, para adquirir recursos adicionais para subir novamente para o ponto "A2" e assim adiante. Então, em síntese, assim funciona o "modelo de mudança universal".

Se, neste momento, imaginarmos o coaching como uma ponte providencial que conecta todos os pontos "A", de fato como um atalho para lidar com a vida de forma mais simples, não entendemos nada sobre essa disciplina (e o livro perdeu completamente o objetivo). O crescimento pressupõe sempre um percurso, um passo que pode ser desconfortável e cansativo para as diferentes fases da mudança. Um bom coach tentará limitar ao máximo a estadia no incômodo ponto "C", e tornar mais rápido e seguro o obstáculo: vai nos ajudar a evitar perder tempo tentando recuperar o "B" e nos guiará em busca de novos instrumentos para enfrentar a situação "em outro nível". O nosso crescimento será muito rápido e brilhante, enquanto os momentos de dificuldade serão abordados de uma forma mais tranquila, sem sucumbir às armadilhas do desânimo, bem cientes de que este é apenas o prelúdio para a conquista de uma situação ainda mais desejável do que aquela inicial.

Não é importante quantos anos temos ou há quantos anos fazemos determinado trabalho, quantas vezes tenhamos enfrentado certo tipo de situação porque a realidade é que, se formos muito mais rápidos na mudança, seremos capazes de alcançar posições muito mais elevadas. É fundamental saber que a fase "C" é necessária e não faz sentido tentar "driblá-la". É a partir daí, dessa situação aparentemente exagerada, que se inicia a mudança. É então que acho a motivação, a força para aprender e experimentar novas maneiras de agir. Quem, diante dos desafios da vida, responde vigorosamente: "Há 20 anos eu faço isso assim, não tenho motivos para mudar" é simplesmente uma pessoa que desistiu de crescer e continua a dispersar suas energias tentando escalar uma parede sem bases de apoio.

Ampliamos o campo, passando da dinâmica individual para a social (que muitas vezes se assemelham). Pensamos, por exemplo, na crise econômica-financeira que atingiu a maior parte do mundo ocidental nos últimos anos: ela demonstrou como o continuar fazendo a mesma coisa que sempre foi feita não conduz necessariamente aos mesmos resultados alcançados anteriormente. Antes da crise, as receitas econômicas aplicadas nos países da área garantiram um bom desempenho geral. Isso não impediu que, quando a crise começou, as mesmas receitas tenham piorado a situação, que para alguns subsetores se tornou dramática. Diante dos contínuos *feedbacks* negativos, e de um otimismo alimentado ao som das teorias, mas pontualmente desmentido pelos fatos, é razoável se perguntar se não é o caso de tentar novos caminhos...

Muitas vezes, as pessoas avaliam positivamente a sua própria condição, tendo como medida de julgamento o simples aumento nos lucros. Mas nenhum tipo de ganho, por mais elevado que seja, nos protege de potenciais "crises" (de natureza econômica, mas não só!). Se nós desfadigarmos em uma vida cotidiana confortável, em outras palavras, se ficarmos "parados", sem nos atualizarmos e melhorarmos, seremos vítimas fáceis de qualquer mudança inesperada. Em seguida, veremos como os melhores e mais rápidos a ressurgir serão aqueles que investiram em pesquisa, desenvolvimento e crescimento pessoal.

Esse "modelo de crescimento universal" não se aplica apenas aos homens, mas é adequado também para organizações, empresas, e aos vários tipos de sociedades e comunidades de pessoas. Toda forma de organização humana enfrenta constantemente as mudanças que refletem o modelo, e é claro como cada um desses sujeitos sente a necessidade de obter novos modelos, e adaptá-los aos contextos de mudança.

Vamos aprofundar o caso das empresas. A situação "A" ocorre quando uma empresa está em plena fase de desenvolvimento: porque é uma *start-up* que aproveita uma ideia genial, ou porque tem um produto interessante apenas colocado no mercado, um serviço de que as pessoas gostam e que funciona bem etc., e assim está obtendo ótimos lucros. A mesma empresa se encontrará na situação "B" quando surgirem novos concorrentes, com produtos melhores ou processos mais efetivos, ou ainda com custos mais baixos: esses atores emergentes começarão a obter pequenos resultados, que dia a dia vão crescer até colocar em crise a nossa empresa *start-up*, que vai se reencontrar no ponto "C". O concorrente, que trabalha de maneira diferente, comeu uma fatia importante do mercado, e os lucros da nossa empresa foram drasticamente corroídos. Normalmente, a primeira carta que a empresa joga para tentar voltar para a superfície é a da propaganda: uma boa campanha promocional sobre todas as mídias e o envolvimento de agentes comerciais experientes para convencer o público de que sua ideia, clássica daquele produto, é sempre a melhor. Não seria mais funcional procurar — e pesquisar, no verdadeiro sentido da palavra — métodos inovadores para voltar a ser efetivos? A verdade é que, até quando não se convencer de percorrer este caminho de inovação, a empresa não encontrará o seu "lugar ao sol" e estará condenada a um declínio progressivo.

Não importa a idade ou o grau de experiência de uma empresa, assim como não contam os de uma pessoa: a palavra de ordem é se reinventar. As empresas e as pessoas mais eficazes são aquelas que continuam a investir em suas melhorias, isso é um fato. Ao custo de parecer banal, refiro-me ao propósito da Apple e Google, dois gigantes internacionais que investem cifras astronômicas em pesquisa, desenvolvimento e marketing, e cujos resultados construídos nessa area são comprovados e indiscutíveis. A Apple, no entanto, na sua história, teve um longo impasse, perdendo aquela posição de *status symbol* que fazia com que os seus produtos fossem assim tão procurados. Ela voltou a crescer novamente quando pôde oferecer novos produtos, originais e extremamente avançados.

Cada um de nós se encontrará, mais cedo ou mais tarde, de braços com as várias fases do modelo. Conhecê-los nos ajuda a entender em qual ponto estamos agora e a lidar com o equilíbrio, sem entrar em pânico, enquanto as sacudidas da mudança estão sendo feitas. A possibilidade de mudar é um dos maiores dons que a vida nos dá, e é um estímulo precioso para melhorarmos: não podemos e não devemos nos assustar. Saber o que estamos passando e quais estratégias nos ajudam a superar os momentos de crise para a nossa vantagem é o motivo principal pelo qual vale a pena entender e estudar este modelo interpretativo: um instrumento útil não só para profissionais de coaching, mas para todos que desejarem serem mestres das suas próprias escolhas (o já famoso motorista do ônibus...).

O coaching hoje

Mas o que é coaching hoje? Como se aplica essa disciplina a quem quiser se aproximar como cliente, ou com ambições profissionais? Encontraremos muitos profissionais que se definem como *"business coach"*, *"team coach"*, *"performance coach"*, *"life coach"*, "coach esportivo" etc. Distinções que podem ser úteis, mas não essenciais. Servem mais para quem, tendo completado uma formação sobre a disciplina, escolhe em qual área se especializar e ir propor os seus próprios serviços.

Muitas vezes as empresas mais ou menos válidas, que formam e certificam os novos coaches tendem a estruturar cursos dedicados a uma única área de intervenção: isto é, na minha opinião, pouco funcional, uma vez que o coaching é uma disciplina única, baseada em uma série de técnicas transversais em todas as áreas e setores onde podemos desempenhar um papel. O que, então, diferencia um *"business coach"* de um outro tipo de profissional? Mais do que tudo, os seus interesses específicos e as experiências que ele ganhou. Por exemplo, se uma pessoa que trabalhou por 15 anos no mundo dos negócios optar por se formar e se colocar no mercado como um coach, provavelmente será muito mais eficaz como um *business coach* ao invés de coach esportivo, mesmo pelo tipo de conhecimento e confiança que ele possui naquele ambiente. Isso não significa que ele não é capaz de construir um excelente processo de coaching ao lado de um atleta; aliás, na verdade, é importante que todos os profissionais do setor dominem todas as ferramentas úteis para trabalhar em todos os campos. Simplesmente, para ter um percurso de mudança mais direcionado, pode ser útil confiar em alguém que tenha uma particular familiaridade com o meio em que nos encontramos, vivemos e trabalhamos.

Uma vez que você se tornou coach ou *Master coach* — com certificações confiáveis e emitidas por organizações internacionais competentes — o título de especialização pode ser escolhido de acordo com as suas habilidades, seus conhecimentos e o que realmente gosta. Escolha que não precisa ser imediata, mas será muito melhor e mais consciente se seguir um período de trabalho real "no campo". Por esta razão, aos meus cursistas, proponho uma formação geral, imprescindível para todos os âmbitos de intervenções, e os aconselho — deixando sempre a máxima liberdade de escolha — a iniciar a atividade com base nos seus próprios antecedentes, nas próprias experiência passadas. deixando abertas todas as estradas, para eventualmente mudar o "mercado" em uma fase posterior. Um das pressuposições mais importantes da PNL é "aumentar as escolhas à disposição" de uma pessoa, e eu me empenho em respeitá-la. Essa é uma das maneiras.

Estou plenamente convencido de que todos nós temos um enorme e extraordinário potencial, e estou igualmente convencido de que vou fazer o meu melhor para eliminar as interferências das pessoas com as quais entro em contato, espero, da maneira mais adequada. Também estou convencido que o desempenho de alguém deve ser resultado de suas ações, de como e de quanto ele se comprometa no seu caminho, e pela paixão que coloca em seu trabalho.

Este livro destina-se a ser um instrumento-base para quem deseja dar os primeiros passos no mundo do coaching e quer começar a entender de que se trata, como funciona, porque é útil. Não tem a presunção de ser um manual: não quer "ensinar" os rudimentos da PNL e de outras disciplinas relacionadas. Espero que seja claro, agora que estamos no fim, que o meu objetivo era oferecer mais escolhas e maiores conhecimentos aos meus leitores. O meu objetivo era contar a você que esse mundo existe, e fornecer uma escolha a mais, transmitir a importância da mudança. Em certo sentido, a condição ideal para abordar essas

páginas é quando você está em um momento de existência "C".
Porque eu espero que a leitura, mesmo que seja muito sintética e estruturada quase como "*flash*", possa oferecer uma primeira ferramenta para ver a luz no fim do túnel.

O coaching, em qualquer forma que seja expresso, deveria se parecer com uma grande loja de ferramentas: um lugar para encontrar todos os instrumentos necessários para "manter" a sua própria vida e torná-la cada vez mais como realmente a quer; um espaço para se exercitar para quebrar suas interferências e, junto com o coach, planejar a ação necessária para alcançar todos os resultados que desejamos.

O futuro do coaching

No início do livro, afirmei que a Programação Neuro-Linguística não é uma técnica suficiente para fazer o coaching eficaz, e expliquei o porquê. Agora, depois de ter apresentado brevemente todas as outras disciplinas envolvidas, com seus respectivos métodos e propósitos, chegou o momento de "reavaliar" o papel da PNL. Ela, é de fato, o futuro do coaching, o *NLP coach* (NLP é a abreviatura da PNL em inglês, e vem de *Neuro-linguistic programming*). É a partir de um conhecimento aprofundado deste método que se pode adicionar qualquer outro aspecto.

Durante minha formação, depois de ter estudado em três continentes com todos os maiores exponentes mundiais da disciplina, que ainda me hoje me leva em viagens sempre em busca de novos estímulos, pude experimentar o quanto a PNL ganha em eficácia se for associada a outros percursos. Um caminho de crescimento pessoal bem estruturado e eficaz, precisa portanto integrar o coaching com a PNL e com a Time Line Therapy®, que cria uma preciosa "ponte" entre nossa parte consciente e a inconsciente, assim como, de maneira diversa, o fazem as técnicas de hipnose. Essa integração de mecanismos mentais e emocionais dá um grande impulso para a mudança e, como repeti mil vezes, a torna mais sólida, e mais duradoura.

O futuro dessa disciplina é um mundo feito por profissionais sérios, com qualificações emitidas por órgãos de confiança comprovada, e capazes de realmente ajudar as pessoas. Espero que essa disciplina encontre a sua grande dignidade, destruída e ridicularizada em alguns países nos últimos anos.

Gostaria de ver um Brasil que reconheça a profissão do coach de maneira semelhante ao que está acontecendo nos países anglo-saxões; um país onde esta disciplina seja compreendida e praticada com seriedade, e sobretudo apreciada pelo mundo das profissões "vizinhas", e cujos os expoentes parecem sempre temer, da parte dos coach, uma limitação e um "furto" de cotas de mercado. Furto que não seria do interesse de ninguém.

Poderia ser simplesmente um desejo meu, e certamente é um dos meus principais objetivos — me perdoem pela repetição, me parece claro que eu já estabeleci uma série de objetivos —, e para alcançar este objetivo eu agora vou tentar levar os meus projetos adiante e já o fato de você estar lendo essas palavras é um dos resultados mais lindos do meu trabalho.

Espero que este livro possa ser um instrumento útil para responder às primeiras perguntas e curiosidades sobre o coaching, e destruir alguns "mitos" negativos que se seguem. Naturalmente, seria ótimo se gerasse em alguns leitores o desejo de se aproximar do mundo do desenvolvimento pessoal, por meio de textos mais aprofundados, cursos ou experiências de coaching com um profissional.

O coaching, a PNL, a Time Line Therapy® e a hipnose não são para mim "apenas" um trabalho, mas também a minha maior paixão. E é por isso que espero ver cada vez mais pessoas capazes de fazer esse trabalho, que o façam com paixão, competência, empatia, e a capacidade de demonstrar ao público o seu extraordinário potencial.

BIBLIOGRAFIA

BANDLER, Richard. *Usare il cervello per cambiare*. Roma: Astrolabio, 1986.

DILTS, Robert et al. *Programmazione neurolinguistica*. Roma: Astrolabio, 1982.

JAMES, Tad; WOODSMALL, Wyatt. *Time Line*. Roma: Astrolabio, 2001.

JUNG, Carl Gustav. *Tipi psicologici*. Turim: Boringhieri, 1969.

Este livro foi composto em Janson Text LT Std 10,5pt
e impresso pela gráfica Viena em papel Pólen 80 g/m².